Auch *DAS* ist Afrika

Band 1

Siggi Sawall

Auch *DAS* ist Afrika

Band 1

Bibliografische Information der Deutschen Nationalbibliothek:
Die Deutsche Nationalbibliothek verzeichnet diese Publikation in
der Deutschen Nationalbibliografie; detaillierte bibliografische Daten
sind im Internet über http://dnb.d-nb.de abrufbar.

Lektorat, Redaktion: Peter Fichte
Layout, Covergestaltung: Véronique Griechen

Herstellung und Verlag: Books on Demand GmbH, Norderstedt

ISBN: 978-3-7494-2915-8

Inhaltsverzeichnis

Vorwort

Denkt man an Afrika, empfindet man Geheimnisvolles, Unbekanntes, nicht Erfassbares, Mysteriöses.

Afrika ist ein Buch mit sieben Siegeln - oder sind es gar acht oder nur sechs? Afrika lebt, sieht jedesmal anders aus.
Ein Dunkel, durch das man nicht schauen kann.

Die Vielfältigkeit eines Kontinents, der Kultur, Sitten und Gebräuche, Religionen sowie der Farben. Afrika ist bunt.

Ein Riesenkontinent mit einer Fläche von 30,2 Millionen Quadratkilometer (km²).
Von der Form her wie ein „Faustkeil", der zwischen dem Nordpol und Südpol liegt.
Eine Landmasse, die ein Fünftel der Erde einnimmt.
Afrika ist so groß, dass Europa mit 10.180.000 km² zusammen mit großen Ländern wie China (9.597.000 km²), Indien (3.287.000 qm²) und den USA (9.827.000 km²) hineinpassen würden.

Menschen, die Ängste - wie überall auf der Welt - begleiten. Sie suchen Schutz und Geborgenheit.
Die Höhle war das erste „Zuhause" der Menschen.
Ängste, die unterschiedlich auf der Welt sind.
In Afrika ist es häufig der seit eh und je undurchsichtige Urwald, umgeben von einer Stille der Magie. Die Stille des Furchtsamen ...

Nordafrika

Zu den nordafrikanischen Ländern zählt man Ägypten, Libyen, Tunesien, Algerien und Marokko.

Sie werden vielfach als „arabische Staaten" angesehen, nur weil dort Arabisch gesprochen wird.

Arabisch ist die Umgangssprache und zugleich Amtssprache. Dies aber hat geschichtliche Gründe.

Die Urspungssprache ist die der Berber; sie wird heute nur noch als Dialekt gesprochen.

Ägypten - durch das Reich der Pharaonen

Schaut man auf die Landkarte, sind die schnurgeraden Grenzlinien auffällig, insbesondere die zwischen Ägypten und Libyen. Grenzen, als seien sie im Zeichenbüro eines Architekten entstanden.

Grenzen, die in ähnlicher Konstruktion in afrikanischen Ländern teilweise Kulturbereiche und Stammesgebiete durchschneiden und irgendwann zu Konflikten und kriegerischen Auseinandersetzungen führen.

Das Ganze gleicht einem „Puzzlespiel".

Das Abenteuer „Afrika" beginnt in Ägyptens Hauptstadt Kairo.
Wieviel Einwohner die Stadt hat, wird nur geschätzt. Es sollen zwischen 9 und 20 Millionen sein.
Jährlich ziehen viele Menschen in die Hauptstadt, um Arbeit und Brot zu finden - inzwischen ein weltweites Problem.

Kairo ist ein lärmender Kessel, der überzulaufen droht.
Die Hitze und der Smog - eine Luft, die sich staut.
Knatternde Mopeds und Motorräder sowie Autos mit stinkenden Auspuffgasen.

Endlos breite Straßen, dickflüssiger Verkehr.
Fahrzeugkolonnen, dazwischen Fußgänger, die sich durch die Autoreihen „kämpfen".
Vereinzelt zweirädrige Eselskarren.

Hochhäuser und Wohnhäuser.
Wohnhäuser, aus Backstein gebaut. Zweistöckige Häuser, aus denen Stahlrohre ragen. Das bedeutet, es wird irgendwann noch aufgestockt. Aber zunächst wird gespart.

Kairo ist größer und weitläufiger als ich vorher annahm.
Verkehr und Lärm auch in den Außenbezirken.
Mit „Karacho" startende Motorräder und Quietschgeräusche, wenn gebremst wird.
Menschen über Menschen überall.

Ein Häusergewirr, dazwischen Minarette von Moscheen.

Vor dem Eingang zur Moschee steht ein selbsternannter „Aufpasser", der die Schuhe der Gläubigen bewacht.

Die Moschee darf mit Schuhen nicht betreten werden, um die Gebetsteppiche nicht zu beschmutzen.

Der Gläubige ist andererseits froh, wenn seine Schuhe noch am Eingang stehen. Dafür erwartet der Aufpasser ein „Trinkgeld" (Bakschisch).

„Bakschisch" - eine Art „Lebensphilosophie"?

So könnte man es sehen.

Bakschisch ist ein ungeschriebenes Gesetz, eine Art „Sozialordnung".

Der Reiche gibt dem Ärmeren und der dem noch Ärmeren für jede Gefälligkeit ein Bakschisch.

Bakschisch erwartet zum Beispiel der Kofferträger, der einem das Gepäck bis zum Zimmer bringt.

Kleingeld solte man also immer verfügbar haben.

Wenn der Muezzin vom Minarett zum Gebet ruft ...

Schlagartig kehrt Ruhe ein.
Die eben noch lautstark pulsierende Millionenmetropole verstummt in kurzer Zeit. Ein Phänomen.

Heute ist Freitag, der Sonntag für Muslime.
Findet man in der Moschee keinen Platz mehr, betet man davor oder auf dem Bürgersteig, also da, wo man sich gerade aufhält.

Gebetet wird in Richtung Mekka, dem Geburtsort Mohammeds.
In dieser Haltung wird ein Moslem auch beigesetzt: der Kopf zeigt immer Richtung Mekka (Saudi-Arabien).

Mekka ist die heiligste Stätte des Islam, zu der nur Moslims Zutritt haben.
Kilometerweit vor Mekka finden Kontrollen statt, die ein Weiterkommen für andere nicht gestatten; ich habe es selbst erlebt.
Angeblich soll dieses Verbot sogar für Staatschefs nicht-moslemischer Länder gelten.

Gizeh - 5000 Jahre alte Kulturgeschichte

Nur 16 Kilometer von Kairo entfernt, befinden sich auf einem Plateau bis zu 5.000 Jahre Kulturgeschichte der Menschheit: die Pyramiden und die Sphinx.

Begleitet werden wir von einer Schar „fliegender Händler", die „wie Kletten" an den Besuchern hängen.
Keine Chance hat man, sie wieder los zu werden, richtet man nur einen Blick auf sie.

Nicht anders ist es bei den Kameltreibern.
Sie hören an dem „Geschnatter", woher jeder Besucher kommt.
„Ach, die Deutschen kommen!"
Sprüche, die einem entgegen schnellen, wie „Mensch Meier" oder „Eile mit Weile".

Vor uns die 5.000 Jahre alte Cheops-Pyramide, das Grabmal des Pharaonen Cheop.
Pharaonen waren die jeweiligen Herrscher.

Schaut man auf die uralten Bauwerke, strahlen sie eine Stärke aus, als wollten sie heute in die Zukunft weisen und der heute lebenden Menschheit Zuversicht vermitteln.

Man steht voller Ehrfurcht vor ihnen.
Rätsel über Rätsel kommen auf, wie man die tonnenschweren Steinquader hierhin transportiert hat, denn technische Hilfsmittel

wie Kräne, Lastwagen, usw. hatte man zu der Zeit noch nicht.
Steinquader, die nahtlos neben- und aufeinander liegen.

Fragen über Fragen, wie bei den bis zu 7,5 Tonnen schweren Stein-
figuren auf der Osterinsel.

Auf dem Plateau befindet sich aber auch ein sehr merkwürdiges
Baudenkmal, und zwar die Sphinx.
Ein „Doppelwesen" aus Menschenkopf und Löwenkörper,
73,5 Meter lang und 20,2 Meter hoch. Das Gesicht ist 4 Meter
breit, der Kopf mit Kopftuch gar 6 Meter.

Welch eine Faszination strahlt dieses Denkmal aus!
Eine Baukunst, wenn man bedenkt, dass die Sphinx auch noch aus
einem Stein gehauen wurde.

Antike Bauwerke, vor 5.000 Jahren von den alten Ägyptern
geschaffen, als Forschung und Wissenschaft in Europa noch nicht
existierten.

Mit dem „Nil-Dampfer" unterwegs

Der Kapitän stellt sich vor. Ein Kapitän, der sich vollkommen anders gibt, als Kapitäne auf Hochsee-Kreuzfahrtschiffen.
Statt einer geschniegelten Uniform mit „Lametta und Balken" trägt er eine braune Kutte, als habe man sie ihm übergestülpt.
Auffallend sein großer weißer Turban und die große dunkle Brille.

Lässig sitzt er bei der Vorstellung auf dem Sonnendeck im Schneidersitz und begrüßt mit leisem Ton die Gäste.

Tagsüber sitzt er in seinem „Kabäuschen" (Kapitänsbaracke), nippt an seiner großen Teetasse und schaut auf die Fahrrinne des Nils.
Ein Kapitän, der sich scheinbar nicht allein auf das Radar verlässt, sondern von seinen Erfahrungen ausgeht.

Die Flussfahrt auf dem Nil beginnt in Luxor und führt uns über Ednu, Edfu, Kom Ombo, usw. bis hin nach Assuan und Abu Simbel am Nasser-Stausee.
In diesem Abschnitt des Nils sollen sich ein Fünftel aller Monumente auf der Erde befinden.
Man möge mir verzeihen, dass ich im weiteren Verlauf nicht die Besonderheiten darstelle.

Luxor

Den Orient in seiner märchenhaften Vielfalt erleben wir zu zweit von einer Kutsche aus.
Entlang der Uferstraße, der Corniche, fahren wir in die Altstadt.

An fast jeder Ecke stehen zwei oder drei Soldaten mit Gewehr und aufgepflanzte Bajonett.
Schon damals bestand Terrorgefahr.

Luxor am Abend ist ein orientalischer Lichterglanz. Einfach zauberhaft!
Düfte des Orients. Stände mit kleinen Parfümfläschchen.
Manche Düfte, die nicht unserem Geruchssinn entsprechen.

Gegen 23:00 Uhr treffen wir mit der Kutsche an der Anlegestelle unseres Nildampfers ein.
Aber wo ist das Schiff? Es liegt zwar an der Anlegestelle, nunmehr in der Reihenfolge an dritter Stelle. Um zum Schiff zu gelangen, müssen wir also zwei andere Fluss-Kreuzfahrtschiffe passieren. Das werden wir auf unserer Flussfahrt noch öfter erleben. Es zeigt, wie stark der Schiffsverkehr auf dem Nil ist.

Gegenüber der Anlegestelle liegt der „Luxor Tempel", eine gewaltige Tempelanlage.
Die Tempelanlage wirkt groß und mächtig, einfach faszinierend.
20 Meter hohe Säulen und 14 Meter hohe Statuen am Eingang, die den Pharaonen Ramses II präsentieren.

Unter seiner Herrschaft wurde die Tempelanlage erweitert.

Wir besuchen das „Tal der Könige" bei ofenheißer Hitze schon um 07:00 Uhr früh und anschließend, bei der Rückfahrt, den „Karnak-Tempel".

Eines haben alle Tempel gemeinsam:
Sie sind gigantisch und kunstvoll verschieden.

„Bauchtanz" oder „erotischer Tanz"?

Ehe das Schiff Luxor verlässt, findet am Abend an Bord ein orientalischer Bauchtanz statt.
Die Bezeichnung „Bauchtanz" hat in Ägypten und anderen islamischen Ländern eher einen anrüchigen Klang. In Ägypten spricht man lieber von einem „orientalischen Tanz", in anderen islamischen Staaten von „Schautanz von Frauen mit erotischer Tendenz".

Das Leben links und rechts des Nils

Der Nil fließt 1.500 Kilometer durch Ägypten und ist mit 6.900 Kilometer Länge der zweitlängste Fluss auf der Erde.
Sein Quellgebiet liegt in Äthiopien, und er durchfließt mehrere Länder, ehe er ins Mittelmeer mündet.

Ägypten hat eine Fläche von etwas mehr als 1 Million Quadratkilometer und besteht zu 95 Prozent aus Wüste. Das Land ist dreimal so groß wie Deutschland, hat aber inzwischen 90 Millionen Einwohner, mehr als Deutschland.

Dem gegenüber steht aber nur eine landwirtschaftlich nutzbare Fläche beiderseits des Nils und im Norden entlang des Mittelmeers.

Eine zu geringe Fläche, um ca. 90 Millionen Einwohner zu ernähren! Nahrungsmittel müssen importiert werden.

Auf der Suche nach Geldquellen sind Ideen gefragt.

Eine bestechende Idee war der Bau des Suez-Kanals.
Dazu später mehr.

Wie zu biblischen Zeiten

Esel, die von alten Ägyptern mit weißem Bart geführt werden.
Esel, bepackt mit Strohballen und Holzstangen.

Kinder, die zu dritt auf einem Esel sitzen und winken.
Leuchtende Augen, denn sie haben Spaß.
Andere, die „Greifen" spielen.
Jungen, die hinter einem vergilbten Gummiball rennen - die Straßenfußballer von morgen?
Spiele mit Stoffbällen, aus Lumpen zusammengenäht.

Viele Kinder, die schwer in der Landwirtschaft arbeiten, um ihre Familie zu unterstützen.

Ihre Kindheit sieht trüb aus! Normalerweise ist die Kindheit die schönste Zeit im Leben.

Aus einem großen Lehmhaus stürmen Kinder. Es ist die Schule. Sie sind froh, dass der Unterricht beendet ist. Darüber freuen sich Kinder in der ganzen Welt.

Obwohl Schulpflicht in Ägypten besteht, bleiben überwiegend Kinder auf dem Land dem Unterricht fern.

Kein Wunder, dass die Analphabetenquote immer noch bei 50 Prozent liegen soll.

Das Leben in den Dörfern verläuft im Zeitlupentempo. Man hat Zeit. „Eile mit Weile ...“

Die Lehmhäuser wirken wie „zusammengeklebt“.
Dazwischen einzelne Palmen und Bananenstauden.
Minarette wie „Zahnstocher“ und kleine Moscheen.

Auf den Feldern und Parzellen Büffel, die teilweise noch Holzpflüge ziehen.
Felder, die mit Wasser aus dem Nil bewässert werden.

Romantik am Abend, bei untergehender Sonne, wenn man am Abend auf dem Kabinenbalkon sitzt und (vielleicht) ein Glas Rotwein trinkt ...

Die Sonne versinkt am Horizont und ein dunkler Schleier legt sich still über die Flusslandschaft.

Traumhafte Kulisse - Assuan und Abu Simbel

Vor Assuan öffnet sich die Flusslandschaft.
Weiße Segelboote, die uns in der Bucht entgegenkommen. Sie werden „Feluken" (Trapezsegler) genannt. In der Regel transportieren sie Waren.

Steuerbords, also rechts, auf einem kleinen Felsen thront das „Old Cataract Hotel", in dem Prominente, wie z.B. der amerikanische Schriftsteller Ernest Hemingway, verkehrten.
Hier schrieb Agatha Christie ihren weltberühmten Roman „Tod auf dem Nil".
Hier verkehrte auch der französische Präsident François Mitterrand.

Traumhaft ist der Blick auf die Bucht von Assuan bei klassischer Musik, in einer Felskulisse bei untergehender Sonne.

Gegenüber liegt in hügeliger Landschaft die Grabstätte von Aga Khan, die mehr einem Wüstenschloss gleicht.

Aga Khan war das Oberhaupt der Ismailiten, einer schiitischen „Religionssekte". Er war reich und mächtig, lebte von 1877 bis 1957.

Der Himmel wird immer farbiger - ein Sonnenuntergang der Illusionen. Eine Atmosphäre tiefen Friedens.

Besuch einer Papyrus-Manufaktur

Hier sehen wir, wie Bilder aus Papyrus hergestellt werden.

Der Rohstoff ist die Papyruspflanze. Sie wird in Streifen geschnitten, festgeklopft, getrocknet und bemalt.
Eindrucksvolle bunte Motive der Pharaonen oder aus der damaligen Arbeitswelt.
Kopien altägyptischer Bildschriften (Hieroglyphen).
Später entwickelten die Ägypter das Pergament und schließlich das Papier.
Die alten Ägypter verfassten Texte und wissenschaftliche Abhandlungen, die mehr Dichtungen entsprochen haben.
Erstaunlich, dass es trotz Papier und der Entwicklung von Hieroglyphen in Ägypten noch immer 50 Prozent der Menschen Analphabeten sein sollen.

Teestuben, in denen Männer genüsslich an ihrer Wasserpfeife „nuckeln". Verklärte Blicke.
Männer in einer anderen Welt.

Die Wasserpfeife ist das Sinnbild des sich Wohlfühlens, der Gemütlichkeit, der Geborgenheit.

Spargel mit erotischer Note

Obst und Gemüsestände, kunstvoll dekoriert.
Spargelstangen, die kerzengerade aufrecht stehen
Die alten Ägypter bezeichneten den Spargel als „Liebesstäbchen"
und sahen in ihm weniger eine Gemüseart. Spargel wird in Ägypten eher als ein „Erotikartikel" gesehen.
Unser Guide erklärt uns auch warum. Die Bearbeitung von Spargel vergleicht er mit Frauen. Wörtlich: „Vorsichtig am Kopf anfassen und nach unten streicheln."

Assuan-Staudamm

Gigantisch sind die Wassermassen, die er staut.
Mit dem Bau wollte man erreichen, den Wasserhaushalt des Nils zu regulieren, um Überschwemmungen zu verhindern und Dürreperioden zu mindern.
Doch der Bau erfüllte nicht sein Ziel. Die Anlage wurde erweitert und ein 500 km langer künstlicher Stausee entstand, der den Namen des ägyptischen Präsidenten Gamal Abdel Nasser trägt.
Ein Riesenprojekt.
Allein die Flutung des Nasser-Sees dauerte einige Jahre.
Antike, jahrtausendealte Baudenkmäler drohten vom Wasser „verschluckt" zu werden.
Dazu zählte z.B. der Tempel von „Abu Simbel". Er wurde unter Aufsicht der UNESCO versetzt und 64 Meter höher wieder originalgetreu aufgebaut (allerdings nur die Außenhülle).

Rückfahrt nach Assuan.

Am Abend findet auf dem Flussschiff ein Kapitänsdinner statt.

Der Kapitän verabschiedet sich in gleicher Pose wie bei der Einschiffung - zum Abschied im Speiserestaurant.

Der heutige Tagesspruch lautet: „Allah hat euch die Sterne gegeben, damit ihr leicht den Weg findet" (Koran, 27. Sure).

Während die Sterne über der Bucht von Assuan leuchten, bleibt weiterhin das Ernährungs- und Bevölkerungsproblem in Ägypten bestehen.

Eine bestechende Idee war der Bau des Suez-Kanals durch die Wüste Sinai, um den Seeweg zwischen Europa (Mittelmeer), Asien und Australien zu verkürzen.

Der Tempel von Abu Simbel

Fahrt durch den Suezkanal

Schnurgerade führt der Kanal durch die Wüste.

Wracks von Panzern aus dem „Sechstagekrieg" zwischen Ägypten und Israel sind stumme Zeugen eine unsinnigen Krieges.

An den Ufern hohe Sandwälle. Vereinzelt schlanke, hochgewachsene Palmen unter der brütenden Sonne.

Ich stehe oben an Deck des italienischen Kreuzfahrtschiffes „Italia" (Siosa Lines), auf dem Weg nach Mombasa (Kenia), Somalia, Madagaskar, Seychellen, La Réunion und Mauritius.

Durch den Bau des Suez-Kanals verkürzen sich Weg und Zeit erheblich.

Die Fahrt durch den Kanal ist nur 171 km lang und dauert 15 Stunden, statt 10.000 km um Afrika (ums „Kap der Guten Hoffnung" in Südafrika).

Die Durchfahrt erfolgte damals in Konvois, und zwar von Port Said am Mittelmeer wie vom Roten Meer aus.

Beide Konvois trafen sich etwa auf der Hälfte des Kanals, im Bittersee. Hier wartete die „Italia" auf den Gegenkonvoi.

Für Ägypten ein Milliardengeschäft, dennoch nur ein „Tropfen auf den heißen Stein".

Libyen - die Sahara ruft!

Auf Arabisch heißt Wüste „Sahara".

Exkursionen unterschiedlicher Art.
Während die Exkursion durch die Sahara in Algerien eine reine Wüstenbeschreibung ist, steht die Tour in Libyen unter dem Motto:

Auf Karawanenwegen durch Oasen und antike Städte

Libyen ist ein Wüstenstaat mit einer Fläche von 1.775.500 km². Es ist siebenmal so groß wie Deutschland und flächenmäßig das viertgrößte Land in Afrika, wovon 87 Prozent des Landes reine Wüste sind.

Libyen erstreckt sich 1.500 Kilometer in Ost-West- und 1.350 Kilometer in Nord-Süd-Richtung.
Ein Grüngürtel besteht überwiegend entlang des Mittelmeers.

Einst stand in Libyen ein König an der Spitze, der in einem unblutigen Putsch des Militärs gestürzt wurde. Libyen war zu der Zeit ein armes Land, das seitdem durch den damals 27-jährigen Oberst Gaddafi regiert wurde.

Als man im Land reichhaltige Öl- und Gasvorkommen entdeckte, wurde es zu einem der reichsten Länder in Afrika.

Mit den Einnahmen aus dem Ölgeschäft wurde die Infrastruktur des Landes verbessert.
Zum Beispiel wurden Karawanenwege in der Wüste teilweise asphaltiert ...

Es kam sogar zu einem gewissen Wohlstand.
Das Land „leistete" sich Gastarbeiter, überwiegend aus dem mittleren Teil des Kontinents. In Libyen fanden 700.000 Afrikaner Arbeit und Brot.

Der Öl-Boom stärkte Gaddafis Selbstbewusstsein erheblich, so dass er international „ins Gehege kam", was letztlich zu einem Flugverbot führte.

Dieses Flugverbot, ausgesprochen durch die UNO, führte dazu, dass wir nach Tunesien fliegen mussten, um auf dem Landweg nach Libyen einreisen zu können.

So abenteuerlich wie Gaddafi ist auch das Gefährt, mit dem wir nach Libyen einreisen, um die Wüstentouren durchführen.

Abflug von München-Riem mit LH114 nach Tunis.
In Tunis gelandet, stehen u.a. zwei Busse bereit, die zum gleichen Hotel fahren.
Der „knallrote Bus" fährt uns zum Hotelgarten. Dort steht der Anhänger (Schlaftrakt).
Das Ganze nennt sich „das Rollende Hotel".

Während die anderen Urlauber sich im Hotel schonmal unter der Dusche erfrischt haben und eine Tasse Kaffee trinken, sitzen wir, „die Abenteurer", im Garten auf Knien und sortieren die Sachen, die jeder für die nächsten drei Tage benötigt.

Erst nach drei Tagen wird der Koffer wieder gereicht, um die benutzte Wäsche gegen neue auszutauschen.

Am nächsten Morgen fahren wir mit dem insgesamt 36 Meter langen „Ungetüm" zur libyschen Grenze. Es ist so hoch, dass es nicht unter jede Brücke passt.

Egal, wo das „Ungetüm" auftaucht, bleiben die Leute stehen. Man schaut uns an, als kämen wir von einem anderen Stern.

Der Autor packt seine Sachen für die nächsten drei Tage

Die am meisten gestellte Frage ist, wo wir denn schlafen würden. Etwa in den „Mauselöchern"? Ja, das sind die Schlafkabinen. „Die sind ja nicht viel größer als Särge ..." Bei den meisten bleibt der Mund offen stehen.

Fragen über Fragen folgen ...

Menschen auf engstem Raum, die aus allen Berufsgruppen kommen: Ärzte, Lehrer, Reinmachefrauen, Professoren, Krankenschwestern. Manchmal ist auch ein Pastor darunter. Selbst Staatssekretäre sind unter den „Rotelisten", wie sie sich selbst nennen.

Menschen, die „einmal anders reisen" wollen, ohne Lametta und Schmuck.
Menschen auf engstem Raum - es gibt auch viel, viel Spaß.
Das „Rollende Hotel" ist nach den Ideen eines bayerischen Postbeamten aus Passau konstruiert worden und überall auf der Welt unterwegs. Ein Erfolgsmodell.

Ich erwähnte es schon: Das ganze System ist die Erfindung eines Postbeamten aus Passau.
Alles ist genau geplant: Tische, Bänke, Stühle, usw. passen genau in die Nischen von Bus oder Schlaftrakt.

Ja, die Postler sind nicht nur humorvolle Leute, sondern vielfach kreativ.

Zum Beispiel bauten ausgerechnet Postler ein Elektroauto für den Produktionsbereich der Post, das in Serie ging - zum Erstaunen der Autoindustrie. Wir schreiben das zweite Jahrzehnt des neuen Jahrtausends!

Der kastenförmige Schlafanhänger ist nach der spanischen Friedhofsordnung konstruiert: drei Kabinen übereinander und nebeneinander.
Will man in die Schlafkabine hineinkriechen, „robbt" man am besten.
Am Kopfende der Kabine befinden sich ein Klappfenster mit Gardine und ein kleines Lämpchen, das schwach leuchtet.

Um in die mittlere oder obere Kabine zu gelangen, muss man „Steigbügel" benutzen, die rechts und links angebracht sind.

Vor den Kabinen befindet sich ein Vorzelt, in dem die Sachen für die nächsten drei Tage untergebracht sind. Darüber später mehr.

Die Pass- und Zollkontrollen dauern gute fünf Stunden.
So ein großes, knallrot gestrichenes Vehikel macht „verdächtig", denn überall könnte etwas versteckt sein, was man nach Libyen nicht einführen darf, wie z.B. Pornohefte usw.
Stichprobenweise werden Koffer kontrolliert.

Während der Formalitäten wird uns ein sogenanntes „Grünbuch" in Deutsch überreicht. Grün ist die Farbe des Islam.

In dem kleinen Büchlein von Gaddafi sind die „Grundsätze der sozialistisch-islamischen Lehre im Gesellschaftlichen" darstellt.
Ein Spagat zwischen Sozialismus und Islam.

Vom Inhalt wenig vergleichbar mit der in den 60er Jahren des vorigen Jahrhunderts von Mao Tse Tung herausgegebenen „Roten Fibel".
Mao Tse Tung war der kommunistische Führer Chinas.

Antike Stadt Sabrata

Unser erstes Ziel in Libyen ist die antike Stadt Sabrata, die im fünften Jahrhundert (Jh.) vor Christi gegründet wurde.

Auffallend viele Plastiktüten liegen am Straßenrand.
Ein Bild, das den Eindruck trübt.
In der alten Tempelstadt Statuen und Säulen, die bereits umgekippt sind.

Außerhalb der Anlage übernachten wir in unserem Schlaftrakt, der „Rotel" genannt wird.

Um 06:00 Uhr morgens heißt es spätestens aufstehen. Schon längst sind die „unruhigen Geister" wach. Ein Wecken ist nicht nötig. Die ersten sind schon kurz nach 05:00 Uhr wach, drehen sich um, strecken sich und robben aus der Schlafkabine.

Das Rotel fängt an zu „zittern", jede Bewegung vergrößert das Zittern. Nun robben auch die anderen nach und nach heraus.

Im Vorzelt:
Das „Rotel-Leben" spielt sich nun auf der Suche nach Socken, Waschzeug, Schuhen usw. ab.
Die Plastiktüten knistern und wehe, die Sachen stehen nicht mehr an dem Platz, an dem sie stehen sollten. Schreie wie „Wo sind meine Latschen?!?" sind zu hören.
Schon am frühen Morgen kommt Stimmung auf.

Zwischendurch „blinzelt" so mancher blanke Po.
Aber nach dem dritten Tag hat man sich an die „Hinterteile" gewöhnt, sie sind bedeutungslos geworden.

Schon bald ebbt das Knistern ab. Ein Zeichen dafür, dass jeder auf der Suche nach seinem Unterzeug und seinen Socken fündig geworden ist.

Nach dem Frühstück, das an den genormten Tischen usw. eingenommen wird, beginnt der Abbau des Vorzelts. Die letzten Sachen aus dem Vorzelt werden in eine Kabine „gepfeffert"!

Um 07:00 Uhr setzt sich das „Ungetüm" in Bewegung.

Was ist eine Oase? Die Oase „Ghadames".

Bis zur Oase Ghadames sind es rund 600 km.
Der ehemalige Karawanenweg (jetzt asphaltiert) führt durch die Steinwüste.
Die Sahara besteht zu grob 80 Prozent aus Stein- und zu 20 Prozent aus Sandwüste.

Die Oasenstadt Ghadames steht unter dem Schutz der UNESCO.
Ihre eigenartige Bauweise in Form von zwei- bis dreistöckigen, dicht zusammengefügten Bienenwaben schützt vor der Hitze der Wüste, der stechenden Sonne und Sandstürmen.
Überdachte Gassen und Wohnhäuser aus Lehm. Lehm hat die Eigenschaft, zu „atmen" und z.B. Wärme zu speichern und sie reguliert wieder abzugeben.

Das ganze System ist so aufgebaut, dass Eindringlinge kaum eine Möglichkeit haben, sich dort einzuschleichen.

Die Haustüren werden nur bei bestimmten Klopfzeichen in Verbindung mit dem Klappern der Messing-Bronze-Klopfer geöffnet.

Um sich in der Oase dennoch frei bewegen zu können, sind die im oberen Dachbereich von Haus zu Haus Übergangsstege angebracht.

Auch die Luftzirkulation ist in den Häusern gesichert, ebenso die Lichtschächte.

Steinwüste in der Sahara

Auch die Wasserversorgung ist durch ein ausgeklügeltes System innerhalb und außerhalb des Ortskerns sichergestellt.
Auf diese Weise können die zur Oase gehörenden Gärten usw. bewässert werden.
Hier gedeihen vor allem Dattelpalmen, die wenig Wasser benötigen. Sie speichern sogar so viel Flüssigkeit, dass sie nicht brennen können.

Wir verlassen die Oase Ghadames.

Wasser ist Leben

Eine Oase darf man sich nicht als einen runden Kreis vorstellen.
Der Verlauf ist abhängig vom Grundwasserspiegel. Ist er hoch genug, können Pflanzen wachsen.

Wasserknappheit ist nicht nur in Afrika, sondern weltweit ein großes Problem.

Nun auch in Deutschland.
Kein hausgemachtes, sondern ein naturbedingtes Problem. Auswirkungen einer Klimakatastrophe.
Ein Problem, das künftig alle anderen Probleme in den Hintergrund treten lässt.

Nach Angaben der UNO (Vereinte Nationen) haben jetzt schon zwei Milliarden Menschen nicht ausreichend sauberes

Trinkwasser.

Schmutziges Wasser ist eine Brutstätte für Bakterien und Viren, die Infektionen zur Folge haben.

Wasser ist eines der Grundelemente, damit Leben überhaupt entstehen kann.

Ein Grundrecht, das allen Menschen und Lebewesen zusteht.

Ein „Denkfehler" ist, die Wasserversorgung zu privatisieren. Ein Trugschluss, denn Unternehmen wollen Gewinne erzielen.

Das Süßwasservorkommen auf der Erde beträgt nur drei Prozent, wobei Gebirgsgletscher und die Gletscher an den Polen schon mit einbezogen sind.

Gletscher, die durch die Erderwärmung schmelzen und den Meeresspiegel erhöhen.

Man könnte annehmen, mit dem Meer gebe es ausreichend Wasser auf der Erde.

Doch der Salzgehalt des Meerwassers ist für den menschlichen Verzehr zu hoch.

Nachdem wir Ghadames verlassen haben, wird es mit jedem Kilometer heißer.

Heißer Wind und Sandverwehungen, die sich als kleine Dünen über die asphaltierte Straße legen - wie Schneeverwehungen.

Abenteuerliches Wüstenrennen

Mit großer Geschwindigkeit rasen die tollkühnen, einheimischen Fahrer die Dünen steil nach oben, nehmen am Dünenkamm kurz das Gas weg - im letzten Moment! - „kippen" auf die andere Seite und rasen halsbrecherisch steil nach unten ins Dünental.

Das Reduzieren der Geschwindigkeit kurz vor dem Dünenkamm ist erforderlich, weil sich der Landrover sonst überschlagen würde.

Beim Blick durch das ovales Fenster zum Führerhaus sehe ich, wie der Fahrer mit beiden Hände fest das Steuerrad umklammert.

Geschrei, wenn der Landrover über die Spitze der Düne kippt und in halsbrecherischer Fahrt in das nächste Dünental „stürzt".
Das belebt sicherlich die Seele, aber die abenteuerlichen Fahrten sind grenzwertig.

Fahrer und Reifen werden äußerst strapaziert.
Pause bei einer Reifenpanne.
Sternförmig kommen die Fahrzeuge zusammen, um sich gegenseitig zu helfen.
Die Pause tut allen gut. Auch den Leuten mit Harndrang und Blasenschwäche. Erst jetzt löst sich die Verkrampfung.

Links und rechts stehen oder sitzen die „Wüstenpinkler", die in Deutschland als „Wildpinkler" nach dem Gesetzt bestraft werden.
Nur die Wesen mit vier Beinen nicht, z.B. Hunde.

Nach der Pause heulen noch einmal die Motoren auf. Dann geht die Fahrt gemütliche durch das Meer der Dünen.
Ein Gefühl der Weite und Unendlichkeit.

Ein See, oder eine „Fata Morgana"?

Als wir dem Ziel näherkommen, entpuppt sich die „Fata Morgana" (Sinnestäuschung) als ein blauer See in der scheinbar unendlichen Sahara (s. Titelbild).
Blaues Wasser unter einem blauen Himmel, umrahmt von einem Sandmeer mit Gräsern und Gestrüpp sowie ein paar Palmen.
Der See gehört zu den „Mandara-Seen" mitten in der Wüste.

Seen auch an anderen Stellen mitten in der Sandwüste, wo der Grundwasserspiegel besonders hoch ist - und sei es mitten in der Sandwüste.
Fällt der Grundwasserspiegel, versickert der See, „verschwindet" wie von Zauberhand.

Die etwa 9 Zentimeter langen Würmer im See sollen nach Aussage des Guides ungefährlich sein ...
Doch wie kommen Würmer hier hin?
Ein Rätsel. Eines der vielen in Afrika und auf der Erde.

Hier scheint sogar eine kleine Badestelle zu sein. Eventuell für Wüstenkarawanen?
Ein Holzgestell spendet Schatten.

Mandara-Seen

Unterhalb im Sand windet sich eine Sandviper, eine giftige Wüstenschlange, die sich seitwärts bewegt. Sie hat eine giftige „Schwester" in Asien, und zwar in grün, wo sie u.a. in der Tempelanlage „Angkor Wat" im Norden Kambodschas beheimatet ist.

Gegen Abend verlassen wir die „See-Idylle" mitten in der gelblichen Sahara.
Eine Idylle, die sich märchenhaft bis zum Horizont erstreckt.

Der Traum von einer „grünen Wüste"

Nicht nur ein Traum ...
Ein Traum, der Wirklichkeit werden kann und von Präsident Gaddafi umzusetzen versucht wurde.

Ein Riesensee befindet sich 1.000 m unter der libyschen Sahara. Der Traum von einer „grünen Wüste" nahm Formen an.
Wissenschaftler und Forscher haben festgestellt, dass er den Wasserbedarf für 1.000 Jahre decken würde.

Das weckte Träume, vor allem bei Präsident Gaddafi.
Die Finanzierung schien durch den Öl-Boom gesichert.
Das richtige Objekt, um das Prestige des Präsidenten zu stärken.
Damit wollte sich Gaddafi „für die Ewigkeit" ein Denkmal setzen.
Sein Plan sah vor, Wasser aus 1.000 m Tiefe zu pumpen, um die Wüste zu bewässern und sie fruchtbar zu machen. Dafür ließ er Stahlrohre mit einem Durchmesser von 3 Meter herstellen.

Doch plötzlich fiel der Ölpreis auf dem Weltmarkt.
Ob dadurch die Finanzierung ins Schwanken geriet, kann niemand sagen.
Doch Gaddafi tat so, als wäre dies ohne Folgen. Er erweckte den Eindruck, dass das Projekt nicht scheitern würde.
Es floss sogar Wasser in den Norden Libyens.
Dieses Wasser soll aber aus Brunnen gestammt haben - und nicht aus dem See unterhalb der Sahara.

Gaddafi träumte aber weiter. Er sprach gar schon vom „Achten Weltwunder". Auch wenn er die Idee von der „Grünen Sahara" nicht verwirklichen konnte, hinderte ihn aber nichts, weiterhin selbstbewusst in der Weltöffentlichkeit aufzutreten, meist in militärischer Uniform. Unter der übergroßen, wuchtigen Militärmütze sein buschiger Haarschopf, darunter die schwarze Brille.

Wasserrohre

Auf Auslandsreisen beschützte ihn nicht nur seine „athletische" Leibgarde, bestehend aus attraktiven Frauen.
Außerdem war er von einem großen Konvoi eigener Fahrzeuge begleitet.

In der Wüste geboren, übernachtete Gaddafi in komfortablen Wüstenzelten in den Gärten seiner Botschaften - aus Sicherheitsgründen.

Die antike Römerstadt „Leptis Magna"

Neben Karthago und Rom war sie einst die drittgrößte Stadt des römischen Reichs.
Schon zur Zeit der Antike zählte sie 100.000 Einwohner. Eine moderne Großstadt mit einem hohem Lebensstandard und gut funktionierender Infrastruktur, die sich bis in die Umgebung erstreckte. Ein gut ausgebautes Kanalsystem und übersichtliche Straßenführungen mit einer X- und einer Y-Achse.

Tempel, Prachtvillen, Tunnel und Säulengänge.
Bäder und Thermen.
Ein großartiges Theater, das am Mittelmeer liegt.

Ein Freilichttheater mit einer Vielzahl von Sitzreihen, die ich im Eilschritt nach oben hin überwinde - Stufe für Stufe-, als wenn es keinen Sitzplatz mehr geben würde.

Ich blinzel in die Sonne, in den blauen Himmel über mir und auf das Blau des schäumenden Mittelmeers.
Ich stehe auf, verbeuge mich nach allen Seiten, aber keiner applaudiert. Also setze ich mich wieder hin.

Vor mir - ganz unten - die Bühne.
Vögel, die im Foyer kreisen.

Früher wurde hier nicht nur Theater gespielt, sondern auch Hinrichtungen öffentlich vorgenommen - zur Abschreckung, heißt es.

Heute eine Stätte der Ruhe, nur vom Zwitschern von ein paar Vögeln unterbrochen. Eine Stätte der Vergangenheit, die alles Leben (vorher) vergessen lässt.

Ich suche die Toilette auf, in der vier „Töpfe" nebeneinander stehen. Ich frage mich, warum?
Sicherlich gab es genug Gesprächsstoff bei Theatervorstellungen und Konzerten.

Gleich nach dem Verlassen der Ruinenstadt setzt plötzlich ein Wüstensturm ein. Sand, der uns ins Gesicht fegt.

Die libysche Sahara hätte uns nicht „authentischer" verabschieden können, eben nach Wüstenart.
Passend ein libysches Sprichwort:
„Wasser reinigt den Körper, die Wüste die Seele."

Algerien - Wüstenimpressionen
(Wüste pur)

Kein „rollendes Hotel", sondern ein Wüstenfahrzeug, für 10 Personen konzipiert.

Ein äußerlich von der Farbe unauffälliges Fahrzeug in grau, der Sandwüste angepasst.

Auf weitere Einzelheiten will ich nicht eingehen, aber auch hier gehören Schippe und Sandbleche zur Grundausstattung.

Grenzstation wie eine Moschee

Sie besteht aus drei Räumen.

In den größeren Räumen wird die Pass- und Zollkontrolle durchgeführt, im anderen befindet sich ein Gebetsraum. Gebetsteppiche, die auf dem Boden liegen. Daneben ein Pfeil, der in Richtung Mekka, dem Geburtsort Mohammeds in Saudi-Arabien zeigt.

Akribisch ist die Zollkontrolle; von jedem einzelnen Geldschein wird die Nummer notiert.

Einigen in unserer Gruppe sieht man ihre Ungeduld an, was die Grenzer merken.

Die Uhren in Afrika laufen eben langsamer.

Ein Sprichwort in Afrika lautet: „Ihr (die Europäer) habt die Uhr und wir (Afrikaner) haben die Zeit."
Die Zeit vergeht. Inzwischen ist es schummrig geworden, und es weht ein kühler Wind.

Der erste Eindruck von der Sahara: Kalte Nächte und heiß am Tag.

Problematisch ist es am nächsten Morgen, ehe ein jeder unter freiem Himmel sein „stilles Örtchen" gefunden hat.
Empfehlenswert, einen Stock bei sich zu haben, um bei der Begegnung mit einem Skorpion oder einer Schlange „bewaffnet" zu sein.

Nach der Notdurft erfolgt eine „Katzenwäsche" aus einem 10 Liter-Kanister, der mit Wasser gefüllt ist. Ein „Wasserhahn" ist in der Wüste nicht vorhanden.

Der 10 Liter-Kanister ist Pflicht und im „Fall der Fälle", also im Notfall, auch die persönliche, vorgeschriebene Wasserreserve.
Im Wüstenfahrzeug ist zusätzlich noch ein 250 Liter-Wassertank.

Exkursionen durch die Sahara sind kein Spaziergang und erfordern mentale und physische Stärke. Als der Autor vor etwa 50 Jahren seine erste Wüstentour in der Sahara machte, musste man sogar die Fitness ärztlich bestätigen lassen.
Kunstvoll geschliffene, große Steine in der Steinwüste, die durch Wind, Feuchtigkeit, Kälte und Hitze entstanden sind. Kunstvolle Schätze der Natur, pilzartige Gebilde.

Schaut man auf die flache Ebene der Steinwüste, kommt sie einem zunächst langweilig vor. Durchstreift man sie zu Fuß, entdeckt man auch viele kunstvolle Formen kleiner Steine.

Wie findet man den Weg durch die Sahara?
Der Weg ist durch Autoreifen oder Autowracks von Lastkraftwagen, die eine große Panne hatten und liegenblieben sind, markiert.

Anders in der Sandwüste, wo man den Weg meistens an den Fahrspuren der anderen Fahrzeuge erkennen kann.
Eine meist festgefahrene Sandpiste, die recht breit ist.

Wir befinden uns mitten in der Sandwüste, und zwar im Gebiet des „Großen und Kleinen Erg".
Eine Rarität der Natur sind hier „Sandrosen".

kugelförmige Sandrose

Rosen in der Sandwüste?

Die „Sandrosen", die hier zu finden sind, sind Kristallgebilde, sehr filigran und kunstvoll aussehende Versteinerungen.

Sie wachsen nicht, sondern man findet sie 30 bis 50 Zentimeter tief im Sand.

Man muss die Stellen kennen, wo man sie finden kann (meist im „Erg").

Der Sahara-Sand ist derart feinkörnig, fast wie Staub, dass er sich in jede noch so kleine Lücke „schmuggelt".

Auf diese Weise sind mir in der Sandwüste gleich zu Anfang zwei Spiegelreflexkameras ausgefallen; feinster Sand in der Elektronik.

Daher schützen z.B. Kameraleute ihre Kameras in der Regel zusätzlich noch mit einer Plastiktüte.

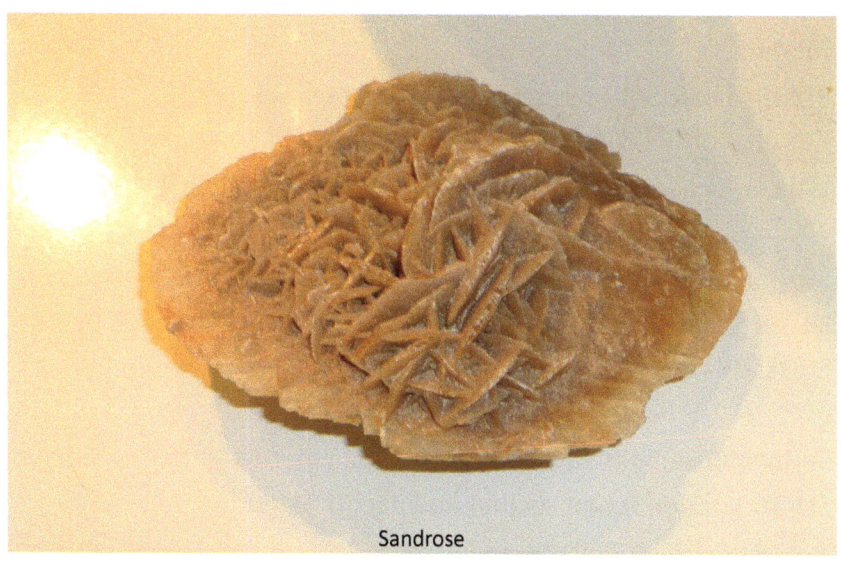

Sandrose

Dünenbesteigung-die richtige Trainingseinheit für Fußballprofis?

Um eine Sanddüne zu besteigen, benötigt man viel Kraft und Kondition.

Eine Düne steil nach oben zu besteigen, erfordert besonders viel Kraft. Man stampft und stampft - und sinkt tief ein. Besser ist es, eine Düne seitlich nach oben zu besteigen.

Die Begehung einer Düne wäre die richtige Trainingseinheit für Fußballprofis!

Die Wüste lebt.

Eine Sanddüne sieht tagsüber wie leblos aus.

Wegen der enormen Hitze verbergen sich die Tiere unterhalb des Sandes.

In der Nacht aber lebt die Wüste auf.

Es ist empfehlenswert, Stock und Taschenlampe mit sich zu führen.

Plötzlich raschelt es irgendwo. Dann ist es wieder still.

Wüstenfüchse, die man „Fennek" nennt, laufen plötzlich weg.

Skorpione oder Sandvipern, die lautlos sind und lieber weglaufen oder wegkriechen, wenn man Geräusche macht (z.B. Stockschläge).

Springmäuse, die tagsüber in bis zu ein Meter tiefen Gängen Schutz vor der Sonne suchen und nachts aktiv sind.

Morgens nach Sonnenaufgang kann man noch die vielfältigen Spuren der Nachttiere erkennen.
Ein Netzwerk von Käferspuren.

Die Wüste ist voller Überraschungen:
Ein Vorfahrtsschild an der Piste für Kamele.
„Stop!", ruft ein unauffälliger Teilnehmer, und der Fahrer hält. Ein Schwede, der aus dem Fahrzeug springt und anstelle des Vorfahrtschildes für Kamele mitten in die Sandwüste ein Vorfahrtsschild für Elche aufstellt.
Das Vorfahrtsschild für Kamele will er in den Wäldern Skandinaviens platzieren.

Wüstensturm

Im Nu ist die Hölle los!
Ein „Vorhang" aus einer hohen Sandwand, die auf uns zukommt.
Ein Sturm, der die Wüste aufwirbelt. Feiner Sand, der bis nach Europa und 6.000 Kilometer über den Atlantik bis nach Amerika getragen wird. Welch eine Urkraft!

Die Luft im Wüstenfahrzeug wird trocken, die Augen brennen.
Wir halten angefeuchtete Tücher vor Augen und Mund.
Es ist mäuschenstill. Jeder ist mit sich selbst beschäftigt. Angstvoll die Gesichter.
Hilflos ist man dem Schicksal ausgesetzt. Der eine oder andere betet im Stillen.

Als hätte Gott die Gebete erhört, lässt der Sandsturm nach etwa 50 Minuten nach.
So plötzlich wie er gekommen war, so schnell lässt er auch nach.

Nun heißt es, die Räder aus dem Sand zu buddeln. Unser Wüstenfahrzeug steht tief im Sand.
Es dauert etwa zwei Stunden, bis wir die Fahrt fortsetzen können.
Alle helfen mit der Schippe, schieben Zentimeter für Zentimeter Sandbleche nach, während der Fahrer Gas gibt.
Selbsthilfe ist nötig; wer soll uns hier auch helfen?

Die meisten Menschen in der Wüste lassen ihr Leben durch Ertrinken.

Wenn es regnet und man in einem Wadi (Dünental) übernachtet, können in kurzer Zeit reißende Flüsse entstehen, die alles Leben mitreißen.
Das Wasser kann auch nicht so schnell in den trockenen Wüstenboden sickern oder verdunsten.

Ein Nebeneffekt ist die „blühende Wüste".
Ist das der Grabschmuck der hier ums Leben gekommenen Menschen?

Tod in der Wüste

Keiner ist davor gefeit, plötzlich zu erkranken oder zu sterben.
Ob in der Wüste, am Nordpol oder Südpol, oder im Dschungel, irgendwo abseits jeder ärztlichen Hilfe.

Was dann? Der Tod kann jederzeit und bei allen eintreten, wenn man sich infiziert, z.B. durch Insektenstiche. Vielfach erkranken die Menschen dann an Gehirnhautentzündung, einer Erkrankung, die man erst gar nicht spürt.
Ärztliche Hilfe ist in der Wüste nicht gegeben.

Wohin aber mit dem Verstorbenen?
Einen Toten mitzunehmen, wäre den anderen Teilnehmern gegenüber nicht nur unzumutbar, sondern wegen der enormen Hitze würden auch schon bald Verwesungsvorgänge einsetzen.
Deshalb werden Tote in den heißen Ländern grundsätzlich innerhalb von 24 Stunden bestattet.

Tod durch Verdursten.
Am Straßenrand stehen zwei abgemagerte „Gestalten" und zeigen mit dem Daumen in den Mund. Eine Symbol dafür, dass sie dringend Wasser benötigen, um nicht zu verdursten.
Nach einem ungeschriebenen Gesetz in der Wüste füllt unser Fahrer ihren Wassersack aus Leder mit Wasser. Ein Ehrenkodex in der Wüste!
Im Schnitt soll man fünf bis sechs Flaschen Wasser trinken.
Wasser entscheidet über Leben und Tod.

„Ain Salah" - Wanderdünen überrollen die Oase

Ein unbarmherziger Kampf zwischen Natur und Mensch.

Dünen, die die Oase (fast) überrollen. Ständige Winde, die den Dünensand vorantreiben. Daher werden sie „Wanderdünen" genannt.
Sanddünen, wie Schneeverwehungen in den Gassen der Oase. Es ist beängstigend und eine Frage der Zeit, wann die Natur siegen wird.

Kinder, die in den Gassen spielen und mit dem Sand leben.
Abgemagerte Ziegen, die an Plastiktüten knabbern.
Kartonreste, die der Wind durch die Gassen fegt.

Bäckereien, von Sand umgeben. Den spüren wir noch nach Tagen in den Broten, die wir hier kaufen.
Noch Tage später knirscht es im Mund.

In Al-Ain tanken wir an einer Zapfsäule 200 l Benzin und füllen unsere 10 l-Kanister mit Wasser auf.
Das Wasser entkeime ich mit Chlor-Tabletten.

Auf dem Weg nach Tamanrasset geht die Sandwüste in eine Steinwüste über.
Auf einem Verkehrsschild sind 1.000 km angezeigt.

Ein kegelförmiger Berg, der vor uns liegt. Beim Näherkommen wird er kleiner und kleiner, letztlich reduziert er sich auf einen Felsen. Eine der vielen Sinnestäuschungen, eine „Fata Morgana".

Tamanrasset und die Tuaregs

Der Stamm der Touaregs lebt vornehmlich im Süden Algeriens, in der Gegend um Tamanrasset.
Ein Stamm großer, schlanker Menschen.

Die Tuaregs sind ein stolzes Nomadenvölkchen. Einst waren sie Viehzüchter.

Der Name „Tuareg" stammt aus der Kolonialzeit der Franzosen und wird auch im deutschen und angloamerikanischen Sprachraum verwendet. Die Tuareg selbst nennen sich „Imuhagh. Übersetzt bedeutet dies soviel wie „Menschen mit freier Abstammung, die noble Qualitäten besitzen".

Ausdrucksvoll ihr kerzengerader Gang - selbstbewusst und würdevoll ihr Auftreten.
Ihre Kleidung ist traditionell blau.

Eine besondere Rolle bei den Tuaregs spielen die Frauen.
Jede Tuareg-Frau entscheidet ganz allein, wen sie heiraten möchte. Vor der Eheschließung kann sie sogar andere Beziehungen gehabt haben. Das überrascht!

Mit durchschnittlich 25 Jahren heiraten die Tuaregs.
Selbst eine Ehescheidung ist keine Schande.

Die Tuareg-Frau trägt keinen Gesichtsschleier, im Gegensatz zum Mann.
Er trägt keinen Vollschleier, sondern eine Art Tuch, mit dem er sein Gesicht teilweise vor Sand und Sonne schützt. Dies wird damit begründet, dass er sich öfter in der Wüste aufhält und sich daher schützen muss.
Zur traditionellen Männertracht gehört außerdem eine Kopfbedeckung in Form einer roten Mütze aus Filz. Die Frau trägt ein Kopftuch.

Der Tuareg-Mann trägt in der Regel eine schwarze Hose, die an den Beinen mit goldenen Fäden bestickt ist. Darüber hängt ein Gewand, das bis zu den Knöcheln reicht.

Das Kopftuch der Tuareg-Frau gehört zur Kultur.
Sie trägt einen Wickelrock und als Oberteil eine Bluse oder Pullover mit Strickmuster.

Die Sitte, aus jedem Anlass Tee (Grüntee) zu trinken, haben sie von den Arabern übernommen.

Von Tamanrasset treten wir die Rückreise an.
Unser Ziel ist das Hoggar-Gebirge. Es hat eine Höhe von ca. 3.000 Meter und besteht aus Basalt und Lavagestein. Berge von zertrümmerten Steinen deuten auf Vulkanismus in früheren Epochen hin.

Schreck in der Morgenstunde

Morgendliche Stille und strahlend blauer Himmel.

Im Schutz eines Felsens verrichte ich ungestört meine Notdurft, als sich von hinten „auf leisen Sohlen" ein Skorpion mit über seinen Körper gebeugtem Stachel nähert. Ein Glück, dass ich zufällig nach hinten schaue und ihn sehe! Ich erschrecke mich, springe hoch, versuche meine Hose hochzuziehen.

Der Schreck muss beiderseitig gewesen sein, beim Skorpion ebenso wie bei mir.
Postwendend läuft er weg und verschwindet in der nächsten Felsspalte.

Felszeichnungen wie im Tassili-Gebirge entdecke ich im Hoggar-Gebirge nicht, sondern nur einfache Malereien, die das Leben der Menschen zeigen. Zeichnungen mit Kamelen und Pferden bei der Arbeit.

Schriftliche Aufzeichnungen wie im alten Ägypten gibt es nicht.

Wir verlassen das Hoggar-Gebirge.

Türme wie Orgelpfeifen ragen 100 Meter in den Himmel.

Eine unbekannte Welt, von der wir uns verabschieden.

Noch einmal übernachten wir in Schlafsäcken unter einem leuchtenden Sternenhimmel.

Über Tunesien kehren wir nach Deutschland zurück.

Resümee: Was bringt eine solche Wüstentour?

Noch nach einer Woche hole ich die letzten Sandkörner aus Ohren und Nase.
Ich lernte, mich mit einer Handvoll Wasser zu waschen, mit Wasser sparsam umzugehen.
Ich war in der Wüste anspruchslos.

Dinge wurden neu bewertet, neue Akzente gesetzt.

Was Lebensqualität ist, habe ich neu überdacht.

Materielle Dinge wurden ersetzt durch ein nettes Wort, ein bisschen Humor.

Ich erkannte, wie wichtig es ist, mit Menschen Frieden zu schließen, sie zu respektieren.
Ich erkannte, dass jeder auf jeden angewiesen ist.

In der Wüste habe ich gelernt, mit der Zeit umzugehen, Zeit zum Beobachten zu haben und nachzudenken.

Das Schlafen unter freiem Himmel, und das Flackern und Leuchten der Sterne ...
Sich als einen Teil des Universums zu begreifen ...

Fragen über Fragen:

- Hast du keine Angst?
- Wie kannst du solche Risiken eingehen?
- Man sieht doch immer wieder das gleiche, das muss doch stinklangweilig sein ...

Gedanken, die fließen ...

Die Romantik des Außergewöhnlichen.
Eine Gefühlswelt ganz anderer Art, die man schlecht erklären kann. Nicht alles im Leben lässt sich beantworten.

Bei allem, was wir tun, glaubt man, dass der Verstand alles regulieren bzw. dirigieren müsste. Doch bei vielen Dingen behindert unser Verstand den Lauf des Lebens - und „plumps!" landen wir wieder auf dem Hintern.

Vielfach ist aus der Vergangenheit nichts gelernt worden, frei nach dem Motto: „Die Karawane zieht weiter, der Sultan hat Durst."

Neue Aspekte kommen auf, die wir erst gar nicht bemerken.
Die Gier frisst unsere Seele auf, ohne dass es uns richtig bewusst ist.

Eine Leere in uns, die man erst gar nicht versteht, die man zu spät entdeckt.

Der Mensch wird trotz vieler Scheinkontakte einsam.
Um dieser „unbewussten Isolation" zu entfliehen, ist beispielsweise eine Wüstentour durch die Sahara behilflich. Sie hilft, die eigene Seele zu reinigen.

Ich stelle fest, wie wenig man zum Leben braucht. Ich habe lernen müssen, mit dem Allernötigsten auszukommen und Wünsche zurückzustellen. Kurz: Maß halten mit meinen Bedürfnissen.

Auch lernte ich, mich nur mit einer Handvoll Wasser zu waschen. Ich lernte, wie wertvoll Wasser ist und dass sich Menschen, zum Beispiel in der Sahelzone, mit Sand waschen, weil es an Wasser mangelt. Eine Methode in der Wüste, den Körpergeruch zu neutralisieren.

Ich habe gelernt, mich über ein nettes Wort zu freuen und nicht maulfaul zu sein, wo auf ein „Guten Morgen" kaum jemand noch antwortet. Im Gegenteil, man wird komisch angestarrt ...

Ich stelle fest, nichts versäumt zu haben und mich wohl zu fühlen.

Sich für etwas Zeit nehmen. Von anderen Menschen lernen zu können, auch von Afrikanern.

Gedanken, die in unserer Welt des Produzierens, des Konsums und der Rekorde nicht mehr gefragt sind.

Das afrikanische Sprichwort „Gott gab uns die Zeit, von Eile hat er nichts gesagt" können wir von den Afrikanern lernen.

Erkennen, dass das Leben nicht nur lenkbar ist, sondern dass man es auch mal laufenlassen sollte.

„Fortschritt" ist, dass der Mensch nicht mehr zu entscheiden hat … Ein Weckruf an alle Menschen!

Ein arabisches Sprichwort lautet, dass die Sahara der Vorgarten Allahs sei, der alles Überflüssige aus dem Leben der Menschen entfernt, damit sie in Frieden wandeln können.
Ist das wirklich so? Passt das mit dem Eigennutz und Egoismus der Menschen zusammen? Unter Gleichen gibt es doch immer noch „Gleichere" …

Gedanken, die erlaubt sein sollten.

Marokko - Afrika ist näher,
als man glaubt

Ich stehe auf dem 426 m hohen Felsen von Gibraltar, um die Flugzeuge am Abend landen zu sehen. Im Dunkeln, wenn plötzlich die Scheinwerfer angehen, wie „Katzenaugen" auf die Landebahn leuchten, die über eine Straße führt, die vorher gesperrt wird.
Eine Faszination besonderer Art.

Frei umherlaufende Affen lenken mich ab. Sie warten nur darauf, etwas zu stehlen und nutzen jede Unachtsamkeit aus.
Die Diebstahlsquote bei den Bürgern Gibraltars liegt bei ca. 0,8 Prozent, bei den Affen sind es 18,5 Prozent.

Zwischendurch schaue ich nach links und sehe am gegenüberliegenden Ufer Lampen brennen. Eine Lichterkette, da beginnt schon Afrika.
Die Küste von Marokko ist durch die Wasserstraße von Gibraltar nur 16 Kilometer von Europa getrennt. So nah, und in den Köpfen der Europäer doch so weit entfernt.

Hallo Afrika - hallo Marokko!

Im Gegensatz zu anderen afrikanischen Ländern ist Marokko ein Königreich.

Es grenzt im Norden ans Mittelmeer, im Osten an Algerien und im Westen an den Atlantischen Ozean. Südlich schließen sich die Westahara bzw. Mauretanien an.

Die Menschen in Marokko sprechen Arabisch (Umgangssprache) und als Zweitsprache Französisch. Ursprungssprache ist die Sprache der Berber, die heute als Dialekt gesprochen wird.

Ein Land mit unterschiedlichen Landschaften und viel Kultur, Sitten und Gebräuchen.

Dazu gehört auch die Esskultur.

Moslems essen ohne Besteck mit der rechten Hand, sie gilt als die „reine Hand". Die linken Hand gilt als „unrein", mit ihr wird die Körperhygiene vorgenommen.

Obligatorisch ist, dass man sich vor dem Essen die Hände wäscht.

Jede Königsdynastie prägte ihren eigenen Baustil, wobei der maurische in allen Dynastien vertreten ist.

Rabat ist die heutige Königsstadt und damit auch Hauptstadt des Landes.

Bis auf Meknès und Fès bin ich in allen Königsstädten Marokkos gewesen.

Guten Morgen, Marrakesch!

Beispielhaft für das orientalische Leben ist die ehemalige Königsstadt Marrakesch.
Ihr Name soll aus der Sprache der Berber stammen, wobei dies umstritten ist.
Marrakesch heißt womöglich „das Land Gottes", „Durchzugsland" oder „Sonnenuntergang".

Als ich morgens um 05:00 Uhr die krächzende Stimme des Muezzins höre, der die Gläubigen zum Gebet auffordert, werde ich wach. Er scheint erkältet zu sein ...
Es ist noch fast dunkel.

Ich schaue durchs Fenster und sehe die ersten Zeitungsverkäufer durch die Gassen gehen.

Gegen 09:00 Uhr erwacht das Leben. Die Stadt füllt sich. Einheimische und Besucher kommen in Scharen. Es wird wärmer und wärmer, der Geräuschpegel wächst.

Die Schuhputzer kommen, ihre Blicke sind nach unten gerichtet, auf das Schuhwerk der Vorbeigehenden.

Auch die Souks füllen sich.
Ein verwirrendes System von schmalen Gängen.
Überdachte Wege und nicht überdachte Gänge.
Wege kreuz und quer.

Menschenmassen, Rufe von Händlern, die ihre Produkte lautstark anbieten. Eselskarren bahnen sich stur ihren Weg durch die Menschenmassen.

Doch es geht alles ruhig zu, kein böses Wort fällt.

Als Fremder verliert man schnell die Orientierung.
Da, wo es nicht überdacht ist, sieht man die schlanken Türme der Moscheen.

Obststände.
Kunstvoll zu Pyramiden aufgestapelte Äpfel.
Orangenstände. Es wird auch Orangensaft angeboten.
Marokko ist ein „Orangen-Land".

Zur Mittagszeit schließen einige Stände und Läden.
Ein kurzes Schläfchen am Obststand ...

Um 15:00 Uhr pulsiert das Leben wieder.
Ich befinde mich auf dem großen Platz, der „Djemaa el Fna" heißt.
Orientalisches Leben pur.
Märchenerzähler, umringt von Zuhörern. Auch wenn man sie nicht versteht, so kann man der Handlung durch Mimik, Gestik und Spontanität folgen.

Feuerspucker, die ihre Augen wild verdrehen, wie feuerspeiende Drachen. Flammen, die fast zwei Meter hoch aus dem Mund in die Luft steigen.
Schlangenbeschwörer.

Wasserverkäufer in traditioneller Pose.

Unzählige Garküchen. Appetitliche, exotische Gerüche.
Kein Wunder, dass man überall korpulente Menschen sieht ...

Bunte Tücher, die den Platz umgeben.
Selten eine Frau mit Schleier. Und wenn, ist sie meist alt, ihr Gang gekrümmt.

Eine gespenstische Kulisse.
Hier auf dem Platz fanden in früherer Zeit öffentliche Hinrichtungen statt.
Die abgehackten Köpfe wurden mehrere Tage zur Abschreckung ausgestellt.
„Djemaa el Fna" bedeutet „Platz der Toten".

Es ist 01:00 Uhr nachts, die meisten Menschen sind schon zuhause oder in die Hotels gefahren.
Zurück bleibt eine geisterhafte Kulisse.

„Gute Nacht!"

Sahelzone: Savanne, Dürre und Trockenheit - gibt es einen Ausweg?

Unterhalb Nordafrikas und der Sahara liegt die Sahelzone.
Sie erstreckt sich über rund 6.000 Kilometer vom Atlantik bis zum Roten Meer und Indischen Ozean. Sie umfasst auch große Länder wie Nigeria, Gebiete wie das „Horn von Afrika", Somalia, Eritrea, usw.

Ein Gürtel von 150 bis 600 Kilometer Breite.

Die Länder in der Sahelzone gehören zu den ärmsten Ländern Afrikas.
Dürre und Trockenheit beherrschen das Gebiet, der Boden ist karg.
Die Menschen leben von dem was der Boden hergibt.
In der Savanne betreiben sie vor allem Viehzucht (Rinder, Ziegen).

Ganz im Gegensatz zur Ernährung steht die Bevölkerungsexplosion.
Kinderreichtum bedeutet eine ausreichende Altersversorgung mit dem Nötigsten.
Rente gibt es nicht.

Probleme, wie sie sich in vielen Ländern auf dem Planeten zeigen.
Eine Tendenz, die weltweit Sorgen bereitet.

Nach einem Bericht der UNO gibt inzwischen 250.000 Kindersoldaten.
Kriegerische Auseinandersetzungen, die man schon „gewöhnt" ist.
Krieg als eine Lebensform?

Behauptet wird, dass die Afrikaner an ihrem Schicksal selbst schuld seien.
Behauptet wird aber auch, dass es den Menschen besser gehen könnte, wenn die Länder ihre Bodenschätze selbst nutzen könnten, statt sie internationalen Konzernen zu überlassen.

Die Probleme wachsen und wachsen; hinzu kommt der Klimawandel mit allen Folgen, wie sie sich im Jahre 2018 mehr als verdeutlichten.
Extreme Wettersituationen, monatelange Brände, Überschwemmungen oder Dürre.
In Deutschland blauer Himmel vom Frühjahr bis in den späten Herbst hinein.

Wassermangel überall.
In der Sahelzone verdurstet das Vieh.

„Schöngeredet" wurde genug und vieles hört sich sogar logisch an, muss aber nicht stimmen.

Gibt es einen Ausweg?
Festgefahrene Standpunkte müssen überdacht werden und nicht „aus Prinzip" verteidigt werden.

Selbst wenn bisher ethischen Gründe dagegen sprechen, wie z.B. beim Anbau von Gen-Produkten.

Es wird vom Grundsatz her das Problem nicht lösen.
Wenn es aber um Leben und Tod geht, wie entscheidet sich die Menschheit?
Sie muss sich entscheiden, denn die Sahelzone ist näher, als man denkt (auch für uns).

Unsere Generation wird möglicherweise die letzte sein, die noch Weichen stellen kann, das Weltklima positiv zu beeinflussen.

Westafrika beginnt mit einem Flusszauber

Eine Flussreise auf afrikanisch, eine Abenteuer-Tour.
„Flusszauber" auf einem ehemaligen Frachtschiff, das zum Kreuzfahrtschiff umgebaut wurde.

Eine Tour, außergewöhnlich hoher Temperaturen.
Um 11:00 Uhr vormittags schon +41 °C im Schatten.
Zu heiß auch für die frei umherlaufenden tollwütigen Hunde. Regungslos liegen sie unter Stühlen oder anderen Schattenspendern.
Wegen der vielen frei umherlaufenden Hunde habe ich die Tollwut-Impfungen auffrischen lassen (müssen). Doch die tollwütigen Hunde liegen alle im Schatten.

Tollwütiger Hund

Senegal - Zauberwelt der Realitäten

Erlebt auf Exkursionen an Land und in Vogelschutzgebiete.

Rinder, die in Kleinstädten und Ortschaften verdurstet oder ver-
hungert sind, und die an Ort und Stelle verwesen.

Niemand scheint sich dafür zu interessieren oder schafft das tote
Tier weg. Es bleibt so lange liegen, bis es tausende Fliegen „ver-
speist" haben.

Ich erinnere mich an meinen ersten Trip nach Indien, als in
Bombays guten Wohnvierteln Menschen auf dem Bürgersteig
übernachteten. Menschen gingen an ihnen vorbei, die mit dem

Finger auf abgemagerte und regungslos liegende Körper tippten, ob sie noch lebten.

Ich sah selbst, wie um 09:00 Uhr ein Lastwagen kam, zwei Männer heraussprangen und zu den leblosen Gestalten liefen, kurz prüften, ob sie noch leben und dann auf den Lastwagen schmissen.

Das war vor fast 50 Jahren.

Afrika strahlt!

Wärme auch auf dem Schiff.

In die kleinen Außenkabinen scheint tagsüber die Sonne in voller Stärke.

Die Außentemperatur und die Temperatur in der Kabine sind tags und nachts fast gleich.

Der Ventilator ist einfach überfordert, die Temperatur zu reduzieren. Er kann die Luft nur umwälzen.

In der Kabine befindet sich ein französisches Doppelbett und ein kleines Waschbecken gleich an der Tür.

Ein Abfalleimer, der gleich neben dem Bett steht.

Damit ist die Kabine auch schon ausgefüllt.

Zwei drahtvergitterte Fenster, die nicht zu öffnen sind, als Schutz gegen die Moskitos.

Senegal ist ein Malaria-Land.

Je zwei Außentoiletten und -duschen befinden sich auf jedem Deck (Gemeinschaftstoiletten und -duschen).

Das alles weiß man vorher, wenn man bequem zu Hause die Unterlagen prüft.

Man weiß also, was auf einen zukommt.

Dass man sich dennoch für solch eine abenteuerliche Tour entscheidet, ist sicherlich ein Stück „Romantik" (im voraus).

Der Essraum („Restaurant" genannt) befindet sich unter Deck und vermittelt afrikanisches Flair.

Ein langgestreckter Raum mit gedeckten runden und eckigen Tischen.

Weiße Tischdecken mit Gläsern und Besteck.

Das Essen wird serviert und besteht aus drei Gängen.

Ab und zu wird ein großer Flussfisch oder ein Schwein gegrillt.

Bier, Wein und alkoholfreie Getränke kann man auf eigene Rechnung bestellen.

Exkursionen an Land erfolgen zu Fuß oder auf zweirädrigen Eselskarren mit einer flachen Sitzebene. Sie sind höher, als man denkt. Anstrengend genug, über die großen Räder auf die flache Wagenfläche zu steigen.

Frauen an Wasserstellen, um Wasser zum Kochen zu holen, damit die Familie ein warmes Essen hat.

Solch eine Wasserstelle ist ein günstiger Ort, um Dorfnachrichten auszutauschen.

Kommt man von einer Exkursion aufs Schiff zurück, hat man nach all den Bildern wirklich das Gefühl, im „Paradies" zu sein. Schon allein deshalb, weil man ein frisches Getränk bestellen kann. Dazu geht man über steile Außentreppen in die „Freilicht-Bar". Problematisch wird es, wenn es am Abend dunkel ist. Nicht auszudenken, in das dunkle Wasser des Flusses zu fallen.

Um 18:30 Uhr wird es in der Regel dämmrig, ab 19:00 Uhr ist es dunkel.

Bis auf einen großen Scheinwerfer wird am Abend aus Sicherheitsgründen auf den Außendecks das Licht ausgeschaltet - um Überfälle zu vermeiden.

Gegen 19:30 Uhr setzt eine Insekten-Invasion ein. Tausende von Insekten, etwa einen Zentimeter groß, stürzen sich wie Torpedos auf unsere weißen Hemden, die wir zur Abwehr von Moskitos tragen. Aber das sind keine Moskitos ...
Sie sind derart aggressiv, dass sie sich auch auf Biergläser stürzen.

Die Invasion der unbekannten Insekten dauert etwa 40 Minuten. Dann kehrt in der „Freilicht-Bar" Ruhe ein. Die Insekten-Invasion ist beendet.

Wir verlassen das Schiff und verbringen ein paar Tage in einem afrikanischen „Feriendorf", in dem gutsituierte Sengalesen ihren Urlaub verbringen.

Die Bou El Mogdad auf dem Sénégal-Fluss

Zu der Zeit war ich bereits erkrankt.

Ein Unwohlsein und Gleichgewichtsstörungen stellen sich ein. Gott sei Dank, dass ich kein Fieber bekomme.

Zuhause erklären mir zwei Ärzte unabhängig voneinander, dass ich in Afrika ohne Medikamente etwa 10 Tage später gestorben wäre.

Die Diagnose beim Tropenarzt und Urologen ergibt, dass alle Blutwerte anormal sind. Sie stellen eine schwere Nieren- und Blasenentzündung fest, ohne dass ich Schmerzen habe.

Ich habe derart starke Gleichgewichtsstörungen, dass ich selbst beim Sitzen im Bett zur Seite kippe. 60 große Antibiotika-Tabletten lassen mich nach etwa zwei Monaten wieder weitestgehend fit werden. Das vorab.

Im afrikanischen Feriendorf wohne ich in einer afrikanischen Hütte im oberen Teil, der nur über eine Treppe ohne Geländer erreichbar ist.

Kampf gegen ein kugelrundes „Gebilde"

Die Sonne scheint in den Raum und leuchtet den Boden aus, als ich eine „gläserne Kugel" sehe, rund und so groß wie eine Murmel. Erst denke ich, welch ein komisches Gebilde und will es mit dem Finger antippen. Aber ich traue mich nicht. Als ich es mit dem Schuh berühren will, erhebt es sich plötzlich und greift mich an. Eine „Murmel", die fliegen kann?

Immer wieder versuche ich, es mit der Hand auf den Boden zu schlagen, um es tot zu treten. Aber das gelingt mir erst nach etwa 10 Minuten „Kampf". Ich war fast schon mit meinen Kräften am Ende, aber der Kampf war entschieden.

Dakar - Impressionen einer Millionenmetropole

Dakar ist die Hauptstadt des Landes.
Eine lebendige Stadt mit freundlichen, selbstbewussten Menschen.
Frauen mit bunten, langen Kleidern.
Händler, die keine „Klebekräuter" sind und sich ständig anbiedern.
Eine Hauptstadt, in der es nicht hektisch zugeht.
Ein Lächeln, nette Worte.

Straßen mit regem Auto- und Busverkehr. Klapprige Busse und ausrangierte Busse aus Deutschland, die noch Werbung mit deutschem Text tragen. Sie gelten hier als Luxusbusse.

Der Fernverkehr wird in der Regel durch Kleinbusse, sogenannte „Sammeltaxis" für etwa 10 Personen abgewickelt. Aber oftmals sind 12 Personen und Kleinvieh drin. Ein Gedränge, aber kein böses Wort fällt.
Der Busverkehr im Senegal ist privat organisiert.

Bunte Märkte mit freundlichen Frauen und Männern, die nicht nur lächeln, sondern auch mal ein nettes Wort sagen. Man fühlt sich wohl!
Senegal ist ein friedliches Land, was in Afrika nicht selbstverständlich ist.

Bis 1980 war ein Präsident an der Spitze des Landes, der gleichzeitig auch Schriftsteller war: Léopold Sédar Senghor.

Sklaveninsel Gorée

Eine Insel mit geschichtsträchtiger Vergangenheit liegt vor Dakar. Eine Insel mit großer strategischer Bedeutung. Wer Gorée kontrolliert, beherrscht auch den Senegal.

Jahrhundertelang, und zwar vom 16. bis zum 19. Jahrhundert, wurden von hier aus 20 Millionen Schwarze als Sklaven nach Amerika, in die Karibik sowie nach Europa und Brasilien verkauft. Ein lohnenswertes Geschäft.

Gorée war der „Sklaven-Umschlagplatz" für einen florierenden Exportartikel.

Die kleine Insel wurde auch als „Tor ohne Wiederkehr" bezeichnet. So paradox es klingt, aber die Menschen wollten von dieser kleinen Insel möglichst schnell weg, Es war das „Martyrium auf Erden".

Heute erinnern nur noch riesige Kanonenrohre und ein Sklavenhaus an die Tragödie.

Auf der Insel leben heute etwa 1.200 Menschen überwiegend von täglichen Touristenströmen aus Dakar.

Seit 1978 steht Gorée unter dem Schutz der UNESCO und ist ein Kulturerbe der Menschheit.

Wenn die Fischer vom Meer kommen …

Frischer kann der Fisch nicht sein.
Der Fisch wird direkt aus dem Boot verkauft. Es ist umringt von vielen Frauen und Männern, die im Auftrag von Restaurants handeln. Es wird gehandelt, was das Zeug hält, ein großes, lautstarkes Spektakel.

Kleine Fische liegen auf 100 m langen Gestellen. Fische, die Tag und Nacht unter Seeluft und Sonne trocknen. Man nennt sie „Trokkenfisch", eine Delikatesse in Afrika und Asien. Der Geschmack ist gewöhnungsbedürftig.

Die Meeresbrandung ist stark.
Kein einfaches „Anlanden" für die bunten Fischerboote, die ohne Hilfe immer wieder ins Meer hineingezogen werden. Heimtückische Wellen mit starkem Untersog.

Ein Sog, den man nicht vermutet und den so mancher gute Schwimmer unterschätzt. Strudel, die man nicht vermutet und vom Strand nicht erkennen kann.

Ganz in der Nähe liegt das Fischerdorf Kayar.
Ein Dorf mit Rundhütten (typische Bauweise), auf Sand gebaut, und mit Palmwedeln abgezäunt.

Frauen, die den frischen Fisch zubereiten und dabei gleichzeitig ihr Baby säugen.

Wenn die Fischer vom Meer kommen ...

Neugierige Blicke.

Dass Weiße im Dorf sind, hat sich herumgesprochen.

Palmwedel, die unauffällig beiseite gedrückt werden, um heimlich einen Blick auf uns zu werfen.

Ja, wenn es auf dem Kopf krabbelt ...
Suche nach Läusen, bei Oma und Opa, in der Familie, und Kinder unter sich.

Bilder, die man nicht allein in Afrika , sondern auch in Asien des Öfteren sieht.

Läuse fühlen sich besonders im Haar wohl, auch in frisch gewaschenem Haar.

Gambia - vom Senegal umschlossen

Das kleine Land ist - bis auf die Atlantikküste - vom Senegal „umschlungen", als sei es in dessen „Würgegriff".
In der Form wie eine Zunge, die in den Kontinent „hineinhechelt", 350 Kilometer lang und 80 Kilometer (schmalste Stelle) breit.

Ein Land mit nur rund zwei Millionen Einwohnern, die Arabisch sprechen und zu 80 Prozent islamischen Glaubens sind.
Die Staatssprache ist Englisch.
Ein friedliebendes Land mit freundlichen Menschen.

Senegal und Gambia schlossen sich 1982 zur Konföderation „Senegambia" zusammen, die aber 1989 wieder aufgelöst wurde.

Gambia ist nach dem Gambia-Fluss benannt, der etwa mitten durch das Land fließt und von Mangrovenwäldern umgeben ist. Mangrovenwälder, die bis ans Wasser reichen.
Mangroven sind stelzenartige Gewächse mit Luftwurzeln auf sumpfigem Untergrund.
Wo Mangroven gedeihen, ist der Fischbestand hoch.

Ein Hektar Mangrovenwald ernährt bis zu 10 Familien.

Bootsexkursion

Man könnte meinen, dass das Wasser des Gambia-Flusses an bestimmten Stellen „steht" oder gar in umgekehrte Richtung fließt. So langsam fließt der Fluss. Bekannt ist, dass das Gefälle des Flussbettes gering ist.

Der Mangrovenwald vermittelt das Gefühl undurchsichtig zu sein, was Furcht erweckt.

Kleintiere wie Wasserschlangen, die sich im Gestrüpp aufhalten. Großwild wie Elefanten, Giraffen oder Nashörner soll es hier nicht geben.

Zurück zur 70.000 Einwohner zählenden Hauptstadt Banjul, von wo aus ich zu den Kapverdischen Inseln fliege, die im Atlantischen Ozean liegen, geographisch aber zu Afrika gehören.
Sie liegen dem Senegal und Gambia gegenüber.

Kapverdische Inseln - ein Stück Afrika

Das kapverdische Archipel besteht aus 15 Inseln, von denen acht besiedelt sind.
Ein Gebiet von 4.033 km² und doppelt so groß wie das Saarland.

Auf den Kapverden leben 550.000 Einwohner.

Ein Archipel vulkanischen Ursprungs.
Bis auf den Vulkan „Pico do Fogo" auf der Feuerinsel Fogo sind alle Vulkane erloschen.

Die Kapverden wurden 1456 von portugiesischen Seeleuten entdeckt, die die .Inselgruppe besiedelten, als man auf der Insel „Sal" Salz fand.
Die Kapverden wurden zur Kolonie Portugals erklärt.

Als das Salz zur Neige ging, erhielt die Inselgruppe 1975 ihre Unabhängigkeit.
Seitdem heißt der neue Staat „Cabo Verde" (übersetzt: „grünes Kap") - vom Grün ist aber wenig zu sehen.

Als erstes baute man einen internationalen Flugplatz für Zwischenlandungen nach Südamerika, Südafrika, usw. Zu einer Zeit, als Düsenflugzeuge technisch noch nicht die Reichweite hatten, um weite Ziele in einem Flug zu erreichen.

Es war in den 70er Jahren des vorigen Jahrhunderts, als in der Sudafrikanischen Union noch die Apartheid herrschte und die Fluggesellschaft Südafrikas, die „South African Airways", wegen der Apartheidspolitik ihres Landes keine afrikanischen Länder überfliegen durfte - ein Boykott aller afrikanischen Staaten. Stattdessen musst die Fluggesellschaft von Südafrika um Afrika herumfliegen und auf den Kapverden zwischenlanden
Cabo Verde mit seinen sozialistischen Tendenzen benötigte dringend Devisen und erstellte sogar ein Versorgungslager.

Wenn es um wirtschaftliche Dinge geht, spielen die Ideologien keine Rolle mehr.
Damals genauso wie heute.

Insel Sal

Die Insel Sal - ein Stück Sahara

Sand, Sand und Sand ...
Kilometerweite Sandstrände mit dünenhaften Erhebungen.
Sandstrände, bis zu 500 Meter breit und kilometerlang - ohne auch nur einen Menschen zu treffen.
Keine menschlichen Stimmen, die man hört.
Was man hört, sind die rauschenden Wellen des riesigen Ozeans.

Das Gefühl allein zu sein, aber man fühlt sich keineswegs einsam.
Wellen, die am Strand ausrollen ...

Ein Meer mit hohen Wellen. Damals noch ein Geheimtipp für Surfer.

Leben kommt am Strand auf, wenn die Fischer vom Meer kommen. Eine stimmungsvolle Kulisse.
Frauen und Männer, die lautstark handeln.

Es war in den neunziger Jahren des vorigen Jahrhunderts, als die Fischer noch auf herkömmliche Art fischten, d.h. ohne Schleppnetze.

Blauer Himmel und Sonnenschein.
An 300 Tagen im Jahr scheint hier die Sonne.

Auch wenn Strand und Meer noch so verführerisch sein mögen, Vorsicht ist geboten!

Raubfische wie Haie, die bis in Ufernähe kommen.
Auch der „Weiße Hai" soll schon gesichtet worden sein.

Der Hauptort der Insel Sal heißt „Santa Maria", auf Sand gebaut.
Einstöckige Häuser aus Stein und zwei Hotels.
Asphaltierte Straßen und Sandwege.

Ein Sportplatz mit zwei Toren.
Der ständige Wind lässt den Ball in alle Richtungen fliegen.
Wird ein Strafstoß ausgeführt, muss ein Spieler den Ball mit einem Finger festhalten, bis der Strafstoß ausgeführt ist. Ansonsten würde der Ball wegrollen.

Das ist aber auch auf den Färöer-Inseln im Nordatlantik nicht anders. Auch hier weht ständig der Wind.

Nicht nur der Ball fliegt auf „ballistischen" Bahnen, auch so manche sorglos weggeworfene Plastiktüte muss „umspielt" werden.

Das Wegwerfen von Plastiktüten ist ein weltweites Problem. Plastik überall, Plastik im Meer.
Kunststoff, der biologisch erst nach 400 Jahren abgebaut werden kann.

Der Verkehr zwischen den einzelnen kapverdischen Inseln erfolgt in erster Linie durch die staatliche Fluggesellschaft „Cabo Verde Airlines" (TACV).
Wegen der rebellischen See weniger mit Fähren.

Große Turbulenzen auf dem Flug
zur Feuerinsel „Fogo"

1.000 Meter unter uns tobt das Meer.
Eine Windböe folgt der anderen.
Ein Luftloch nach dem anderen. Es geht hoch und runter, wie auf einer Achterbahn.

Luftströmungen, zu denen der Volksmund „Luftloch" sagt.

Angstvolle Gesichter. Frauen, die sich ein Tuch vors Gesicht halten. Andere, die sich mit dem Kopf am liebsten unter der Jacke des Mannes verstecken möchten.

Neben mir sitzt eine Einheimische mit ihrem etwa 4 Jahre alten Jungen, den sie auf dem Schoß hat. Während sie vor Angst schwitzt, „jauchzt" der Kleine bei jedem Luftloch.

Die zweimotorige Propellermaschine „quält" sich durch die Turbulenzen.
Man spürt es förmlich, hört die aufheulenden Motorengeräusche.

Nach etwa 50 Minuten Flug, ist Fogo in Sicht, und in der Mitte thront der aktive Vulkan „Pico de Fogo".
Ein Vulkan von 2.829 Meter Höhe, der das letzte Mal 2014 ausgebrochen ist.
Erkaltete Lavaströme, die wie aus einem überquellenden Topf nach allen Seiten gleichmäßig herunterflossen - alles grau in grau.

Turbulenzen beim Landeanflug.
Neben der Landepiste das rebellische Meer und das steile Ufer.

Das Flugzeug landet und zieht eine lange Staubwolke hinter sich her.
Eine Landepiste aus Schotter und Lavagestein.

Zwei Landrover, die uns auf erkalteten Lavaströmen zur Spitze des Vulkans bringen.

Bautrupps im oberen Bereich des Vulkanberges, die Wege passierbar machen.

Im Gespräch mit Ihnen stellen Sie fest, dass wir Deutsche sind. Spontan loben sie den Einsatz deutscher Techniker nach dem Vulkanausbruch.

Landung auf der Insel

Als erstes reparierten sie Wasserleitungen und stellten die Wasserversorgen wieder her.

Am Fuß des Vulkanberges wird Wein angebaut.
Wein, den wir am Abend probieren. Insel-Rotwein der Marke „Manccon".

Im Gespräch erzählen die Weinbauern, dass sie ihre Heimat trotz der Vulkanausbrüche nicht verlassen werden.
Nach jedem Vulkanausbruch erneuert sich der Boden und bleibt fruchtbar.

Der Rückflug nach Sal am nächsten Tag ist ruhiger.

Neben mir sitzt eine alte, mobile Einheimische. Sie quatscht und quatscht und quatscht ... Der einzige verbliebene Zahn ist ein reines „Museumsstück", aber so vergeht die Zeit.

Vulkan auf der Insel Fogo

Westafrika 1968

Es war schon eine Sensation, dass „auf einen Schlag" 400 Westdeutsche auf einem sowjetischen Kreuzfahrtschiff Westafrika bereisten.

Die Brisanz lag darin, dass ausgerechnet die Sowjetunion (SU) als strenge Führungsmacht des sozialistischen Lagers 400 Westdeutsche aus dem kapitalistischen Lager, also dem Klassenfeind, nach Afrika schipperte.

Beide Lager standen sich aus ideologischen Gründen unversöhnlich gegenüber.
Wenn es aber um harte Devisen geht ... ?!?

Den Afrikanern schien es aber egal zu sein, ob es West- oder Ostdeutsche sind.
Sie fühlten sich geehrt, dass sie 400 Deutsche besuchten.
Zu der Zeit kostete eine Dose Kaviar auf dem Schiff noch 6,- Deutsche Mark.

Eine außergewöhnliche Tour, eine Pionierfahrt, die nicht nur spannend war, sondern auch Afrika in seiner Vielfalt zeigt.
Eine Kreuzfahrt voller Überraschungen.

Die Kreuzfahrt erfolgte mit dem 20.000 Tonnen großen Schiff „Taras Shevchenko", benannt nach dem ukrainischen Schriftsteller und Maler. Sie war eines der sechs Kreuzfahrtschiffe, die in der DDR im VEB (Volkseigener Betrieb) „Matthias-Thesen-Werft" gebaut wurden.

Liberia - Zufällige Begegnung mit der „Spreewald"

Welch ein Zufall.

Im Hafen von Monrovia (Hauptstadt von Liberia) liegt neben der Taras Shevchenko" das Frachtschiff „Spreewald", dessen Heimathafen Rostock ist.

Deutsche unter sich - Neugierde auf beiden Seiten.

Lockere Gespräche von Schiff zu Schiff:

Frage: „Habt ihr Rostocker Pils?"

Antwort: „Ja, in Flaschen mit Klappverschluss"

Die Rostocker Seeleute werfen ein Tau zu uns herüber und binden daran sechs Flaschen Rostocker Pils - „Prost!" auf beiden Seiten; auch die russischen Journalisten an Bord freuen sich.

Gegenseitige Besuche auf den Schiffen wurden nicht genehmigt.

Nicht geplant, aber erlebt.

Erlebnisse, die das Leben bereichern.

Liberia ist die älteste Republik in Afrika; 111.369 Quadratkilometer groß und mit vier Millionen Einwohnern. Es grenzt an Sierra Leone, Guinea und die Elfenbeinküste. Es ist das einzige Land in

Im Hafen von Monrovia neben der „Spreewald" aus der DDR.
Die MS Spreewald liegt neben unserem Schiff, und wir tauschen Bierflaschen aus.

Afrika, dass nicht kolonisiert wurde. und von ehemaligen, aus den USA zurückkehrenden Sklaven gegründet wurde.

Liberia heißt übersetzt „freies Land". Die Hauptstadt Monrovia ist nach dem ehemaligen amerikanischen Präsidenten James Monroe benannt.
Es wurde eine Verfassung nach amerikanischem Vorbild verfasst.
Ein neuer Staat entstand.

Das Hinterland blieb zunächst unbedeutend, bis man Naturkautschuk entdeckte. Kautschukplantagen entstanden.

Eine einfache Produktionsform: Man ritzt in die Baumrinde eine Kerbe in V-Form, und schon tropft ein dickflüssiger, weißer Saft in ein Gefäß.

Apartheid unter Schwarzen?

Unter der Bevölkerung gab es erhebliche Spannungen.
Die aus den USA zurückgekehrten ehemaligen Sklaven betrachteten sich gegenüber den anderen Schwarzen als etwas „Besseres" und zivilisiert.
Sie bestimmten die Politik und das wirtschaftliche Geschehen.

Es entstand eine neue Oberschicht, die die wichtigsten Posten in Wirtschaft und Politik einnahm.
Ihre Arroganz war derart hoch, dass man sogar von einer „Apartheid unter Schwarzen" sprach.

Afrikanisches „Tam-Tam" in der Elfenbeinküste

Schon um 09:00 Uhr morgens ist es sehr heiß.

Tausende Einheimische, die den 400 Deutschen ein großes afrikanisches Spektakel darbieten.
Hunderte Tänzerinnen und Tänzer in traditioneller Tracht, Musikkapelle und Folklore aus dem ganzen Land.
Rasante Musik, heiße Rhythmen und Gesang.
Strandläufer auf Stelzen.

Stundenlanges Stampfen der nackten Füße auf dem heißen Pflaster.
Man spürt die Herzlichkeit, tanzt sich in Ekstase.
Der Funke springt über, nun tanzen alle, auch die Deutschen.
Schweißperlen fließen, es tropft und tropft.
Von Müdigkeit keine Spur, Begeisterung pur!

Zum Land:
Die Elfenbeinküste heißt offiziell „Côte d'Ivoire", und ihr Name erinnert an die französische Kolonialzeit.
Der deutsche Name „Elfenbeinküste" leitet sich von Elefanten ab, die im Land leben.
Der Name blieb im deutschen Sprachraum erhalten.

Der Elefant ist das Tier, dessen Stoßzähne aus Elfenbein bestehen, das als besonders wertvoll eingestuft wird.
Es ruft bis heute Wilderer auf den Plan, so dass der Bestand von Elefanten in Afrika inzwischen stark reduziert ist.

Die Hauptstadt des Landes war „Abidjan".
1982 wurde „Yamoussoukro".die Hauptstadt und liegt im Landesinneren.
Das Wirtschafts- und Kulturzentrum ist aber weiterhin Abidjan, eine Metropole, in der über 6 Millionen Menschen leben.

Breite Straßen, teilweise europäisch geprägt.
Kanäle, die die Stadt durchziehen.

Auf den Bürgersteigen Obststände und Verkaufsstände.
Ein pulsierendes Leben - Handel und Wandel.
Menschen und Menschen.

Schuhputzer am Straßenrand, mit Schemel, Bürste und Lappen.

Selbsternannte „Zahnärzte" mit einer Art Tretroller, mit dem sie einen Zahnbohrer antreiben.
Eine robuste Zahnarztbehandlung.

Mobile Friseure mit Schere, Spiegel, Kamm und Rasiermesser.
„Ritsch-Ratsch", und die Haare sind geschnitten.
Danach folgt eine Kopf- und Nackenmassage, die zum Service gehört.

Reger Autoverkehr.
Klapprige Busse mit offenen Fenstern.
Sitze, aus denen das Futter quillt.

Mit einem Taxi fahren wir zu einer öffentlichen Waschstelle.
Gut situierte Bürger, die ihre Wäsche waschen lassen.
Waschfrauen, mit Kleinkindern auf den Rücken gebundenen.

Wäschestücke, die eingeseift, geschrubbt und gewrungen werden.
Anschließend wird die Wäsche zum Trocknen auf Steine und
Sträucher gelegt. Ist sie getrocknet, legt man die Wäschestücke
auf einen Haufen.

Rätselhaft, wie sie die einzelnen Wäschestücke den richtigen Kunden zuordnen können.
Fragt man, versteht man nichts. Ein Achselzucken ist die Antwort.

Guinea-Bissau und die Wuppertaler Schwebebahn

Die Wuppertaler Schwebebahn als Motiv auf einer 15 Peso-Briefmarke in Guinea-Bissau: die alte Schwebebahn von 1900.

Das Motiv löste ein großes Rätselraten aus. Das Außergewöhnliche ist, dass die Räder auf dem Dach der Bahn angebracht sind und nicht, wie bei Fahrzeugen üblich, unterhalb.

Wer kann auch ahnen, dass die Räder deshalb oberhalb installiert sind, weil sie in einem Schienenbett auf dem Stützgerüst laufen?

Ein Modell, um die Verkehrsprobleme in Großstädten zu lösen, ist heute aus Kostengründen nicht mehr möglich. Das haben Vertreter von Weltmetropolen wie z.B. New York, Tokyo, usw. bei ihren Besuchen in Wuppertal festgestellt.

Die Deutsche Bundespost ehrte das außergewöhnliche Verkehrsmittel ebenfalls mit einer 50-Pfennig-Marke, die 1975 eine Auflage von 30 Millionen Stück hatte.

Westafrikanische Länder sind bekannt dafür, Briefmarken mit Motiven aus Wissenschaft und Forschung anderer Länder sowie Persönlichkeiten aus der Politik zu veröffentlichen.
Vor Jahrzehnten wurde in Guinea-Bissau das Konterfei des ersten deutschen Bundeskanzlers Konrad Adenauer veröffentlicht.

Auch die Form der Briefmarken ist oftmals anders gestaltet.
Es gibt nicht nur dreieckige Briefmarken, sondern auch Briefmarken, die man auf den ersten Blick für Reklameaufkleber halten würde.

Ja, andere Länder, andere Ansichten.
Wie z.B. beim Landesnamen „Guinea-Bissau". Warum der Zusatz „Bissau"? Um sich vom größeren Guinea zu unterscheiden.
Bissau ist die Hauptstadt des kleineren Guinea.
Guinea heißt übersetzt „Land der Schwarzen".

„Fernando Póo" im Golf von Guinea und ein außergewöhnliches Fußballspiel

„Fernando Póo" - welch ein klingender Name.
Ein Klang, der nicht enden will ...
Fernando Póo gehörte einst zu Spanisch-Guinea und heißt heute „Bioko".

Exotisch, urwüchsig und wild und romantisch schön.
Ein Dickicht so unüberwindlich, als würden sich Sträucher und Bäume - dicht an dicht - im Wege stehen.

Flächen mit Tabakanbau, Kakao- und Kaffeeplantagen sowie Zuckerrohranbau.

Eine fußballbegeisterte Insel mit ca. 40.000 Einwohnern.

Kurzerhand wurde ein ungewöhnliches Fußballspiel vereinbart: eine Inselauswahl gegen die „Schiffsbesatzung der Taras Shevchenko", so lautet die Meldung.

Die Schiffsmannschaft besteht aus sowjetischen Seeleuten, ergänzt durch drei Spieler aus den Reihen der Passagiere.

Das Spiel wurde im Laufe des Vormittags vereinbart und um 13.00 Uhr durch den Insel-Rundfunk bekanntgegeben: Anstoß um 17.00 Uhr!

Mittelstürmer ist ein Italiener namens Marco.

Der Autor steht im Tor und ein weiterer Deutscher ist Mittelläufer (heute würde man „Libero" dazu sagen).

Rechtzeitig vom Inseltrip zurück, erfahren wir von unserer Nominierung.

Die Torwartkleidung besteht aus einer Badehose, T-Shirt und Turnschuhen.

Trotz der Kurzfristigkeit finden sich im Stadion 3.600 fußballbegeisterte Zuschauer ein. Lautstark unterstützen sie ihre eingespielte Mannschaft, beklatschen aber auch jede gelungene Aktion unserer Mannschaft.

Der Autor in Badehose im Fußballtor

Der Autor genießt bei einer Pause frisch gepflücktes Obst

In der ersten Halbzeit noch „Torsteher", werde ich in der zweiten ein „Torwart". Ein Ball nach dem anderen.
Die Spieler aus der Hauptstadt Santa Isabel (heute „Malabo") sind spielerisch und läuferisch besser.
Malabo schießt das erste Tor und der Italiener Marco gleicht im Gegenzug aus.

Im Stadion ist eine unglaubliche Stimmung. Jeder gelungene Spielzug wird mit einem „Olé!" bejubelt.
Passagiere vom Schiff, die am Stadion vorbeigehen, glauben an einen Stierkampf.

Während Angriff auf Angriff der einheimischen Mannschaft rollt, säbelte der schwergewichtige russische Verteidiger einen einheimischen Stürmer um und läuft sofort vom Platz in die Kabine. Er ahnt die rote Karte!

Das Foul wird mit einem Elfmeter geahndet.
Den entscheidenden Elfmeter links unten in die Torecke hält der deutsche Torwart, so dass es beim Unentschieden bleibt.
Beifall für beide Mannschaften - Fußball 1968!

Das Schiff verlässt am Abend den Hafen und sticht in See.

Das Phänomen „Fußball"

Ein Phänomen weltweit: Fußball versetzt Berge.

Da, wo die Politik Hindernisse nicht überwinden kann, macht es der Fußball möglich. Fußball verbindet..

Ist Fußball das Wichtigste in der Welt?

Fußball scheint in vielen Fällen wichtiger zu sein, als politische Entscheidungen.
Selbst unsere Volksvertreter verkürzen ihre politischen Sitzungen, um sich gemeinsam ein wichtiges Spiel anzusehen. Dabei sein ist alles - und live ist live.
Pure Spannung, unabhängig von der Funktion und dem Dienstgrad.

Fußball live im Stadion zu erleben, lautstark schimpfen und umherbrüllen, ohne Konsequenzen zu befürchten.

Warum geben Fans ihr „letztes Geld" aus, um dabei zu sein?
Im Stadion sind sie unter sich, unter Gleichen und fühlen sich anerkannt.

Frustriert gehen sie am Wochenende ins Stadion, um sich das zu holen, was ihnen im gesellschaftlichen Leben innerhalb der Woche versagt bleibt.

Fußball macht die Menschen glücklich.

Den eigenen Gefühlen freien Lauf zu lassen, die Mannschaft zu unterstützen.

Die Fans identifizieren sich mit ihrem Club und begleiten ihn bei wichtigen Spielen im Ausland - auf eigene Kosten, versteht sich.

Phänomene, die im Spielverlauf auftreten.

Macht z.B. der Torwart einen entscheidenden Fehler, der zur Niederlage führt, erinnert man sich noch nach 50 Jahren und kann meist noch die Spielszene genau schildern, während der Fehler des „Weltklassespielers" auf dem Feld in der Regel schon nach dem Spiel vergessen ist.

Kleine Jungs, Jugendliche und junge Männer spielen überall auf der Welt Fußball, sei die Fläche noch so klein. Hauptsache, sie ist einigermaßen eben.

Zum Beispiel in Grönland, wo fast überall die Flächen uneben und klein sind und unter Eis und Schnee liegen.

Fußball begeistert ebenso Frauen.

Alle Kinder träumen von einer großen Fußballkarriere, um „in kurzer Zeit, viel Geld zu verdienen".

Viele Fußballer, die heute mehr verdienen als Politiker, die die Verantwortung für ein ganzes Volk tragen. Sie verdienen teilweise mehr, als der Staatshaushalt eines afrikanischen Landes.

Kuriositäten

In Kamerun mischte sich 1990 sogar ein Staatsoberhaupt um die Mannschaftsaufstellung der Nationalmannschaft ein. Er beorderte z.B. den 38-jährigen Roger Milla in die Nationalmannschaft.

Und ausgerechnet Milla schoss im Achtelfinale der Fußball-Weltmeisterschaft gegen Rumänien in der zweiten Halbzeit die beiden entscheidenden Tore, nachdem er in der 59. Minute eingewechselt wurde.

Kamerun gewann 2:1 gegen Rumänien und kam in der Qualifikation weiter.

Erinnern Sie sich?

Milla, der nach jedem Tor zur Eckfahne lief und ein afrikanisches Tänzchen vollzog.

Fußball löste auch in Deutschland die Seele, als 2006 die deutsche Jugend begeistert feierte und die deutsche Nationalflagge schwenkte - von Nationalismus keine Spur.

Nun wagten auch die deutschen Politiker, sich einen Schal in „Schwarz-Rot-Gold" um den Hals zu binden.

So schön kann Fußball sein.

Ein Stück Lebensqualität, die viele Menschen glücklich macht.

Fußball als ein Stück Kultur, die in Gefahr ist, heute als Spekulationsobjekt zu verkommen.

Togo - Veteranen aus der Kolonialzeit singen die deutsche Nationalhymne

Ein herzlicher Empfang ganz anderer Art.
Kein afrikanisches „Tam-Tam" mit wilden Tänzen und traditionellen Kostümen.

Stattdessen stehen sechs alte Veteranen aus deutscher Kolonialzeit mit Hut, Krawatte und weißem Hemd, Jacke und Hose bescheiden vor dem Schild „Verkehrsamt" am Kai von Lomé, der Hauptstadt Togos und singen zu unserer aller Überraschung die deutsche Nationalhymne.
Die deutsche Kolonialzeit endete 1918. Danach übernahm Frankreich die Kolonie.

Ein Sonderzug, der uns durch den Regenwald ins Landesinnere nach Kpalimé bringt.
Eine Eisenbahnlinie, die von den Deutschen 1907 gebaut wurde.
Sie investierten in die Infrastruktur des Landes.
Das haben die Menschen bis heute nicht vergessen.

Ein Sonderzug in den Farben „Schwarz-Rot-Gold", der uns ins Landesinnere bringt - mitten durch den feucht-heißen Regenwald.

Menschen, die auf Bahnhöfen stehen und winken.
Kinder, Frauen und Männer.

Triumphfahrt mit dem Zug nach Kpalimé durch dichten Urwald,
vorbei an Dörfern und Menschen

Menschen, die uns mit deutschen Fähnchen begrüßen.

Hunderte Einheimische, die uns mit afrikanischer Musik durch das Dorf begleiten.

Das Leben findet im Freien statt. Vor den Rundhütten Kochstellen.

„Guten Tag", sagen sie auf Deutsch.

Worte, die man heute in Deutschland kaum noch hört, als seien höfliche Worte überflüssig.

Um uns herum nur freundliche Gesichter.

Die Dorfkapelle musiziert.

Oma und Opa, Frauen und Männer sowie Kinder bewegen sich im Takt der Rhythmen. Gespielt wird auf afrikanischen Musikinstrumenten.

Eine Herzlichkeit, die man spürt und uns freudig stimmt. Keiner fragt „Hast du Probleme?"

Als der Sonderzug weiterfährt, winken zum Abschied hunderte Dorfbewohner.

Erneuter Halt auf dem Bahnhof „Avetonou".

Hier steht eine Anzahl Land-Rover - von Ghana ausgeliehen -, die uns zu einem deutschen Entwicklungsprojekt im Rahmen der deutschen Entwicklungshilfe bringen.

Ein Landwirtschafts- und Viehzüchtungsprojekt, geleitet von einem deutschen Diplom-Landwirt, der auch über den Einsatz der Maschinen bestimmt.

Weideflächen wurden geschaffen und Grasnarben aus Deutschland eingeführt, 150 Rinder aus Deutschland importiert.
Es entstanden Kakao- und Pfefferplantagen.

Zurück nach Avetonou, und Weiterfahrt nach Kpalimé.

Am Bahnhof von Kpalimé werden wir von tausenden Menschen überaus herzlich begrüßt. Freude pur!

Tausende, die uns zu einem Verwaltungsgebäude begleiten.
Hier werden wir in einem großen Saal von Regierungsvertretern und der Stadt begrüßt.
Nicht zu übersehen im Saal ist ein Bild vom deutschen Kaiser Wilhelm.

Außerhalb der Stadt, in einer Lichtung des Regenwalds, ist ein Essen für uns vorbereitet.
Lange Tischreihen mit weißen Tischdecken, Gläser und Besteck dekorativ aufgebaut.
Ober in schwarzem Anzug, weißem Hemd und Fliege bedienen uns.

Das Essen besteht aus Schaschlik-Stücken, aufgespießt auf Fahrradspeichen, dazu kommen Pommes Frites, Wasser und Bambuswein.

Der Rückweg zum Bahnhof ist - wie der Hinweg - ein einmaliger Triumphzug.

Frauen mit Schüsseln auf dem Kopf, und auf dem Rücken ein kleines Kind tragend.
Kinderwagen gibt es nicht.

Junge Menschen, die uns mit dem Finger berühren, um zu spüren, wie sich weiße Haut anfühlt.

Andere stecken uns einen Zettel mit Ihrer Anschrift zu.
Ein etwa zehnjähriges Mädchen mit großen Augen gibt mir Ihre Adresse und bittet mich gleichzeitg, ihr auch meine Adresse zu geben. Ich soll ihr schreiben. Sie fragt mich: „Kennen Sie mich noch?" Sie begleitete mich auf dem Weg zum Regierungsgebäude.

Als ich nach Deutschland zurückkehre, liegt schon Post von ihr im Briefkasten.
Selbstverständlich antworte ich ihr.

Vergnügt und lustig die Rückfahrt nach Lomé.
Die russische Bordkapelle spielt,, und es gibt Freibier von einer großen Berliner Brauerei.
Im Rahmen deutscher Entwicklungshilfe wurde eine Brauerei geschaffen, die in Togo Bier nach deutschem Reinheitsgebot herstellt. Und das Bier schmeckt auch den Togolesen!

Erinnerungen, die man nicht vergisst.

Empfang in Kpalimé

Dahomey 1968 (heute: Benin) - Menschen wie aus der Steinzeit im Pfahldorf Ganvié

„Cadeau, cadeau!" - ein Ruf, der mir heute noch in den Ohren klingt. „Cadeau", was auf Französisch „Geschenk" heißt, aber hier ein flehentlicher Bettelruf ist, etwas zu geben.

Menschen, wie man sie sich aus der Steinzeit vorstellt. Erschreckende Gestalten sitzen oder stehen in ihren schmalen, schwarz angestrichenen Booten. Sie rufen „cadeau, cadeau", während ein Junge mit einer Blechdose das eingedrungene Wasser herausschöpft.
Fast jedes Boot scheint hier eine Ritze zu haben, durch die Wasser einsickert.

„Cadeau"-Rufer

Frauen, die wie Männer aussehen.
Glatze oder Stoppelhaare und mit nacktem Oberkörper.
Haut, die wie gegerbt aussieht, dazu tätowiert.
Frauen mit Brüsten wie „Klebefolien", die flach am Körper herabhängen. Man kann sie kaum identifizieren.

Frau mit Narben

Vernarbte Oberkörper, Arme und Beine.
Ausgehungerte Gestalten - aber es sind Menschen ...!

Ihr Lebensraum ist der See, der bis zu 1 Meter tief ist.
Wasser, so schwarz wie die afrikanischen Schweine, die durch das Wasser schwimmen.
Spielende Kinder, die davon kaum Notiz nehmen.

Ein See, dessen Untergrund sumpfig ist. Im Wasser wäscht man sich und verrichtet die Notdurft. Ein See wie eine Kloake, die aber nicht stinkt. Ich rieche jedenfalls nichts.

Wahrscheinlich gibt es hier Bakterien wie am Ganges in Indien, die die für die Menschen gefährlichen Keime vernichten. An sich müssten die Menschen erkranken. Ökologische Vorgänge, die die Natur eingerichtet hat.
Die Gedanken fließen ... Ein Stück „Steinzeit".
Bambushütten mit offenen Fenstern, damit der Wind (Zugluft) etwas Kühlung bringt.
Aus den Bambushütten schallt es „cadeau, cadeau".
Ein Ruf, der uns bis zuletzt begleitet.

Äquatortaufe auf dem Weg nach Gabun

Es ist der 18. Februar 1968, 10.00 Uhr vormittags, 25 Seemeilen von der westafrikanischen Küste entfernt, als die „Taras Shevchenkow" die „Linie des Äquators" unter dem großen Jubel der Täuflinge mit Neptun, seiner Gemahlin Thetis und „Hofgelage" feiert.

Trommelwirbel und Trompeten.
Kaum ein Passagier kann sich der Taufe entziehen. Ob kostümiert oder mit weißem Hemd und Krawatte, ob mit Rock oder ohne - Neptuns Polizei in Teufelskostümen kapert sie alle!

Selbst der hagere russische Kapitän, mehr der Typ eines Mathematiklehrers, fliegt in Uniform ins improvisierte Schwimmbecken - damals hatten russische Kreuzfahrtschiffe noch kein Schwimmbad an Deck.

Mit Händen und Füßen wehrte sich eine etwa zweieinhalb Zentner schwere Frau. Sie strampelt nach allen Seiten hin, will sich nicht ins Taufbecken werfen lassen.
Fünf „Polizisten" können sie kaum bändigen.
Ehe sie ins Taufbecken geworfen wird, muss sie noch die nackten „Heringsfüße" von Thetis küssen.
„Hau Ruck", und sie fliegt ins Becken, mit Rock und Bluse. Der Rock fliegt hoch, darunter eine Hose, so groß wie ein Zirkuszelt.
Als sie im Taufbeckenwieder auftaucht, strahlt sie und winkt.

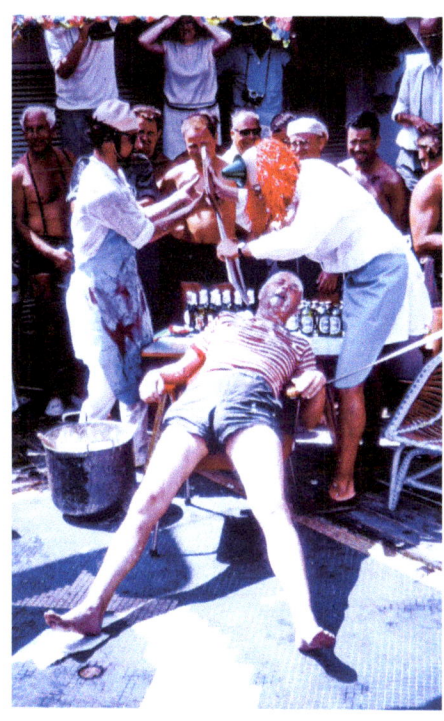

Sie ist erleichtert.

Die Bordkapelle spielt, die Täuflinge schunkeln, sind lustig und vergnügt.

Alles Bilder der Vergangenheit.

Wer kann sich nach Jahrzehnten noch an die „Strickfrau" und die Schlüpfer, groß wie ein Zirkuszelt, erinnern?

Äquatortaufe

Abseits vom Geschehen sitzt eine Frau, häkelt und strickt. Sie strickt unter der warmen Äquatorsonne Winterhandschuhe für ihre Enkel.
Aber auch sie bekommt, wie jeder andere Passagier, eine Taufurkunde, in der bescheinigt wird, dass man die „Linie des Äquators" überschritten hat.
Jeder Passagier erhält auch einen Ulknamen, der „rein zufällig" gewählt ist.
Meiner lautet „Scharfe Koralle".

Masseninfektion vor Gabun: Einreiseverbot und „Urwalddoktor"

Hunderte Passagiere an Bord der „Taras Shevchenkow", die an einer Magen- und Darminfektion erkranken. Erbrechen und Durchfall.
Sechs russische Ärzte an Bord, die Tee und Zwieback verordnen.

Das Schiff liegt in der Dreimeilenzone vor Libreville, der Hauptstadt Gabuns. Einreiseverbot!
Die Exkursion zum Urwalddoktor und seinem Hospital ist daher nicht möglich.

Wer war eigentlich der Urwalddoktor?

Das muss schon ein ganz besonderer Arzt gewesen sein, wenn Erkrankte zu Fuß mehr als 100 Kilometer bei feucht-heißen Temperaturen unterwegs waren, um sich im Urwaldhospital heilen zu lassen.

Er behandelte alle, ob ohne oder mit ein bisschen Geld, egal ob sie Malaria, Lepra oder eine Fehlgeburt hatten.

Professor Dr. Albert Schweitzer war von der Idee beseelt, die Armen - auch ohne Geld - medizinisch zu heilen.

Das war zu einer Zeit, als die Menschen noch Achtung und Respekt voreinander hatten.

Eine Werteskala, die es heute nur noch „auf dem Papier" gibt.

Der Urwaldprofessor arbeitete täglich im Schnitt 14 Stunden, ohne weißen Kittel, dafür aber mit Tropenhelm.

Wegen seines aufopfernden Engagements erhielt er 1953 den Friedensnobelpreis.

Direkt nach seinem Medizinstudium ging er nach Gabun, um im Urwald ein Hospital zu gründen.

Um sein Urwaldhospital finanzieren zu können, reiste er zwischendurch nach Deutschland und in andere westliche Länder, um Geldquellen zu erschließen.

Unterstützt wurde er im Hospital von seiner Ehefrau und seiner Tochter, die keine Medizinerinnen waren.

Professor Dr. Albert Schweitzer starb mit 90 Jahren.

Soweit der Autor erfahren hat, soll das Hospital heute noch existieren, geleitet von polnischen Ärzten.

Infektionen in Afrika am Beispiel von Ebola

In Afrika gibt es über 100 Viruserkrankungen, gegen die es kein Gegenmittel gibt (gewollt oder nicht gewollt).
Wer nach Afrika reist, lebt - unabhängig von anderen Risiken - gefährlich.

Eine der hochgefährlichen Viruserkrankungen ist Ebola, wogegen es bis vor kurzem kein Gegenmittel gab.

Als der Virus auch Europa und Amerika bedrohte, versuchte die Forschung vieles, um in kurzer Zeit ein Gegenmittel zu entwickeln.

Seit Ebola erstmals 1976 im tiefen Kongo aufgetreten ist und sporadisch auch in anderen afrikanischen Staaten auftritt, war die Zahl der Erkrankten überschaubar und auf Afrika begrenzt. Auch die Anzahl der an Ebola Verstorbenen war relativ gering, so dass in der Forschung wenig unternommen wurde. Später starben Tausende.

Als der Virus im Jahre 2016 auch in Europa und Amerika auftrat, war man alarmiert.

Weite Teile Afrikas wurden von der Erkrankungswelle erfasst.
Die Volkswirtschaften einzelner afrikanischer Länder schienen zusammenzubrechen.

In Liberia, Sierra Leone und anderen Ländern Afrikas wurden Schulen geschlossen, ganze Produktionsbereiche stillgelegt.

Ebola drohte eine Weltseuche zu werden.
Die Krankheit ist von Mensch zu Mensch übertragbar, zum Beispiel durch Berührung oder durch Schleimhautkontakte.

Der Ebola-Virus wird durch den Verzehr von Affenfleisch, in einigen afrikanischen Ländern eine Delikatesse, auf den Menschen übertragen.

Ebola ist nach dem gleichnamigen Fluss im Kongo benannt worden, wo die tödliche Virusinfektion 1976 zum ersten Mal nachweislich auftrat.

Ebola kann auch von Fledermäusen und Flughunden übertragen werden.

Nächtliche Ausgehverbote wurden in einzelnen afrikanischen Ländern verfügt.
Aber was spielt sich hinter verschlossenen Türen ab?

Ein weiteres Problem in Afrika ist der Sex ohne Schutz.
Für den afrikanischen Mann ist Sex nur der „Sex ohne Kondom".

Hinzu kommt in Afrika die ärztliche Versorgung, die ungenügend ist. Auf 100.000 Patienten kommt ein Arzt, in Deutschland sind es 229. Ein weiteres großes Problem in Afrika ist die Hygiene.

Symptome bei Ebola sind plötzlich auftretendes Fieber, verbunden mit Schwäche und Kopfschmerzen.

Unabhängig von Ebola ist ein anders Problem.
So gut wie unbekannt ist, dass Afrikaner die nach Deutschland und Europa kommen, anfällig für bakterielle Erkrankungen wie Tuberkulose sind. Sie haben keine Abwehrkräfte gegen hier vorkommende Erkrankungen - umgekehrt ist es genauso, wenn Europäer nach Afrika reisen; Impfungen sind erforderlich.

Abenteuer Kongo: Geheimnisvoll, mysteriös, finster - und das Leben der Pygmäen

Als man den Stamm der Pygmäen im tiefen Urwald im Norden des Kongos 1870 entdeckte, hielt man sie für Tiere. Eine Art Schimpansen, klein gewachsen.

Der Name „Kongo" klingt hart, dumpf, finster, „undurchsichtig", gefahrenvoll.

Der Kongo ist aufgeteilt in das größere Zaire und die Republik Kongo.

Die Republik Kongo ist nach dem etwa 4.700 km langen Fluss „Kongo" benannt. Ein mächtiger Strom, bis zu 220 Meter tief, der in den Atlantik mündet.

Ein Wasservolumen und Druck von 50.000 Kubikmeter, der noch 150 Kilometer weit im Meer zu spüren ist. Er ist der wasserreichste Fluss Afrikas.

Dicht bewaldete Regenwälder, die das Ufer säumen.
Ein dicht bewachsenes Buschwerk, das den afrikanischen Urwald im Gegensatz zum Amazonas auszeichnet.

Je tiefer man in den Urwald kommt, desto geheimnisvoller und spannender ist es.
Überall lauern Gefahren, Schlangen und anderes Getier. Ein Knirschen und Knacken vernimmt man, aber man sieht nichts. Unheimlich, aber was löst die Geräusche aus?

Um sich von Zaire zu unterscheiden, trägt die Republik Kongo im Sprachgebrauch den Namen „Kongo-Brazzaville".
Brazzaville heißt übersetzt „Stadt im Grünen".

Brazzaville ist eine lebendige afrikanische Stadt.
Eine Hauptstadt voll afrikanischen Lebens, vor allem in den Stadtteilen „Poto-Poto" und „Bacongo".

Durch die Republik Kongo läuft der Äquator, wie auch durch den Nachbarstaat Gabun.
An den Kongo grenzen Kamerun und Zentralafrika, bekannt geworden durch den selbsternannten Kaiser „Bokassa".

Fahrt mit dem „Kongo-Ozean-Zug"
durch dichten Urwald

Ein Buschwerk, das bis an das Gleisbett wuchert. Es ist feucht-heiß. Problematisch ist allerdings das Öffnen der Zugfenster. Wer zu dicht ans geöffnete Fenster geht, um Zugluft zu atmen, muss damit rechnen, vom Buschwerk im Gesicht „gestreichelt" zu werden.

Vorsicht ist bei kleinen Affen geboten, die schon mal durchs geöffnete Fenster ins Abteil springen.
Vor Überraschung ist man nicht gefeit.

Zwangsaufenthalt, als plötzlich bei der Durchfahrt durch einen Bahnhof ein Waggon aus den Schienen springt.
Zeit, um die Umgebung auszukundschaften.
In der Nähe eine Brücke, die über den Fluss gespannt ist.
Ich erschrecke mich, als ich im hohen Gras Krokodile entdecke. Sie liegen bewegungslos auf der Lauer. Sie stellen sich tot, um plötzlich ihre Beute zu schnappen, sie ins Wasser zu ziehen, die Beute wie in der Trommel einer Waschmaschine hin und her zu schütteln, bis das Tier ertrunken ist.
Mit der toten Beute gehen sie zurück an Land, um sie in aller Ruhe zu verspeisen.

An Schlangen habe ich gar nicht gedacht.
Sofort gehe ich zum Bahnhof zurück.

Zugentgleisung. Die Kapelle spielt, es wird getanzt.
Im Gebüsch lauern Schlangen und giftige Tiere, im Wasser Krokodile.
Hoffentlich wartet hier kein Krokodil ...

Neugierige Mädchen aus dem Dorf stehen am Zug und schauen durch die geschlossenen Zugfenster.

Hierbei fallen mir besonders ihre Haarfrisuren auf. Drahtiges Haar, zu Haarbüscheln „hochgestylt". Wie „Pilzgewächse" oder „Stachelbeersträucher".

Dann kommt die erlösende Nachricht.
Der oberste Bahnchef hat entschieden, dass Schienenbusse uns „Gestrandete" nach Pointe-Noire zurückholen werden.

Exkursion zu den Pygmäen

Exkursion auf engen, holprigen Pfaden durch den feucht-heißen Regenwald. Der Boden ist glitschig und nass.
Im Schneckentempo holpern wir von Regenloch zu Regenloch.
Dann setzt plötzlich Dauerregen ein. Der Weg wird immer matschigen. Die Jeeps rutschen hin und her.
Unter diesen Umständen werden wir die Pygmäen nicht erreichen können.
Kurzerhand kehren wir um.

Wer sind die Pygmäen?

Dass man sie nach ihrer Entdeckung im Jahre 1870 zunächst für Tiere hielt, erwähnte ich schon.
Doch sie sind Menschen, kleine Menschen.

Wegen ihrer Größe hielt man sie dann für Kinder.
Ihre durchschnittliche Größe beträgt bei Frauen bei 1,42 Meter, bei Männern 1,50 Meter.
Der Name „Pygmäe" kommt aus dem Griechischen und bedeutet „Mensch, so groß wie eine Faust".

Man nannte sie „Urwaldzwerge".

Im dichten Urwald klein zu sein, ist womöglich ein evolutionärer Vorteil.
Kleine Menschen können sich zwischen den Büschen und dem Geäst durchaus schneller hindurchmanövrieren, als größere.
Sie sind anpassungsfähiger.

Daraus entwickelten sie ihre Lebensphilosophie.
Den Urwald betrachten die Pygmäen als Teil ihres Lebens; dazu zählen Pflanzen und Tiere, aus denen sie ihren Speiseplan entwickelt haben.
Zu den Delikatessen gehören zum Beispiel die Blätter von Kokospflanzen, die sie schneiden und mit weißen Maden oder Fleischstücken von Stachelschweinen mischen.
Das Ganze wird mit Pfeffer bestreut und auf Palmblättern serviert.

Ihre „Urwald-Apotheke" ist die Pflanzenwelt, in der sie auch potenzanregende Mittel finden.

Pygmäen sind mutig.
Die „Zwerge" jagen sogar Großwild mit vergifteten Pfeilen.
Sie legen auch Netze aus, um Tiere dort hineinzutreiben.

Andere Länder, andere Kulturen, unterschiedliche Schönheitssymbole.
Weltweit wünschen sich Männer bei Frauen einen „handlichen" Busen. Bei den Pygmäen ist es genau umgekehrt. Je flacher und lappiger die Brüste sind, desto schöner finden Sie sie, desto attraktiver ist eine Frau für die pygmäische Männerwelt.

Besonders attraktiv finden Pygmäen Tätowierungen.
Je tiefer die Haut mit einem Buschmesser aufgeritzt wurde, je größer und wulstiger die Narbe ist, umso schöner die Tätowierung.

Soziale Unterschiede gibt es bei den Pygmäen in ihrem Zusammenleben nicht.
Vielweiberei ist ihnen ebenso unbekannt wie Kannibalismus.
Auch die Sklaverei ist ihnen fremd.

Bei allem was sie tun, vermuten sie Geister, die sich im Dickicht des Waldes versteckt aufhalten.

Warum sind die Pygmäen so klein?

Ein Rätsel, das Wissenschaftler jahrelang untersucht haben.

Sie stellten fest:
Im Baby- und Kindesalter ist der Wuchs gegenüber anderen Klein-kindern gleich.
Amerikanische Forscher stellten fest, dass erst mit dem Einsetzen der Pubertät der Wuchs sich verlangsamt. Sie wachsen nicht mehr.
Die Ursache ist das Fehlen eines Hormons - oder es ist nur in gerin-ger Menge vorhanden.

Pygmäen heiraten im Schnitt mit zwölf Jahren, wobei das Mäd-chen bestimmt, welchen Jungen sie heiraten will.
Beide dürfen sogar eine Nacht zusammen schlafen!
Wird eine zweite Nacht gewünscht, gelten sie bereits als Paar.

Ja, so schnell kann es gehen!

Mit dem Kongo endet der erste Teil des Buchs
„Auch das ist Afrika."

Lesen Sie mehr im zweiten Band!

Bisher sind (teilweise auch als E-Book) in der Reihe „Vom Nordpol bis zum Südpol" erschienen:

ISBN: 978-3-8334-0587-7

ISBN: 978-3-8334-3161-6

ISBN: 978-3-8334-5431-8

ISBN: 978-3-8370-4804-9

Siggi Sawall

Von Wassersuppe in die Karibik

Reiseerlebnisse eines
Globetrotters

ISBN: 978-3-8391-0082-0

Siggi Sawall

Im Laufschritt
durch Europa

ISBN: 978-3-8423-7633-5

SIGGI SAWALL

50.000 KILOMETER
UNTER
HAMMER UND SICHEL

Kamtschatka
Lena
Transsib
GUS-Staaten
Kaukasus
Armenien
Kiew
Moskau
St. Petersburg

ISBN: 978-3-7322-8359-0

Kreuz und Quer

Hindukusch Afghanistan
Iran
Irak
Jordanien
Syrien
Libanon
Israel-Palästina
Saudi Arabien
Verein. M. Emirate
Oman
Jemen

Vorderasien

Siggi Sawall

ISBN: 978-3-7347-5031-1

Siggi Sawall

Vom Dach der Welt

Teil 1:
Nepal, Bangladesch, Pakistan, Indien

ISBN: 978-3-7322-4604-5

Siggi Sawall

Vom Dach der Welt

Teil 2:
Tibet, China, Nordkorea, Mongolei

ISBN: 978-3-7412-4044-7

Siggi Sawall

Lächeln überall ...

Eine Exkursion durch Indochina

ISBN: 978-3-7412-6325-5

Siggi Sawall

Asien

Von Traum zu Traum

ISBN: 978-3-7431-1164-6

Siggi Sawall

100 Meter
zwischen
heute und morgen

ISBN: 978-3-7448-0956-6

Außerhalb der Serie erschienene Bücher:

ISBN: 978-3-8391-2488-8

ISBN: 978-3-8448-0450-8

ISBN: 978-3-8482-2421-0

ISBN: 978-3-8482-6727-9